文春文庫

いわしバターを自分で

平松洋子

画・下田昌克

文藝春秋

いわしバターを自分で／目次

I　初めての巻柿

Ⅱ　いわしバターを自分で　コロナ禍の日々　２０２０―２０２１

Ⅲ　ほや飯を炊く

Ⅳ 薪の火

いわしバターを自分で

初出　「週刊文春」二〇一九年十二月十二日号
～二〇二一年九月九日号

本書は文庫オリジナルです。

DTP制作　エヴリ・シンク

I 初めての巻柿

サツカン

ねえ、知ってました!?

惣菜屋の店長Kさんが、憤懣（ふんまん）やるかたないという顔をして銀行での話を教えてくれる。

ええー本当なのそれ、納得いかないよね、と私。

長年ずっと無料だったのに、三菱UFJ銀行、みずほ銀行、二〇二一年二月から三井住友銀行も両替機の有料化に踏み切った。自分のお金を同額に替えるだけなのに、費用がかかる。十一～五百枚の両替をする場合、みずほ銀行と三井住友銀行では手数料四百円。ということは、一円玉五百枚を両替するために四百円を上納……アコギでしょう。

キャッシュレス化の推進が目的らしいのだが、現金商売の方もたくさんおられよう。両替も日々の仕事のひとつだというKさんに、今どうしてるの、と訊くと、「近所の信用金庫に変えました」。

キャッシュレス化が進めば、だんだん銀行の支店も消えてゆくと思うのだが、それこそ遺産になるかもしれない銀行での「技」がある。

サツカン。

不穏な響きだが、「札勘」つまりお札の勘定を指す。

パタパタパタパタと大量のお札を一定間隔でずらし、目にも止まらぬ速さで一枚ずつめくって数え、端までいったら逆方向から再度めくってダブルチェック。最後の一枚を数えるとき、パチンと鳴らす——銀行の窓口などで見かけるアレです。お札を立ててめくりながら勘定するのは「縦読み」、扇状に広げて数えるのは「横読み」。なぜ私がそんな専門用語を知っているかというと、銀行で私用の手続きをしているときに待ち時間ができ、行員の方と世間話をしていたら、偶然この話になった。

お札の持ち方、指の当て方や弾き方、指の腹のこすり合わせ方、力の抜き方、めくる角度……練習あるのみ。そりゃそうだ、帳尻が合わなければ家にも帰れない。

「入行したら、新人は支給された練習用のニセ紙幣を自宅に持ち帰って、お互い競争しながら腕を磨いたものです。支店長の札勘なんかすばらしいですよ、見惚れるくらい速くて、正確無比で」

しかも、銀行ごと微妙に異なる札勘の技法もあるらしい。

キカイが導入されれば手技が消えてゆくのは世の理。そういえば昔、コインを数えるための桝目が整列したミニ羽子板みたいな道具を見たことがあった。あれもキカイの両替機に駆逐され、時代の波間に消え失せた。せめて、札勘の美技は残って欲しい。やらなきゃ、なまる。

サボるつもりはなくても、しばらくやっていないと腕がなまるのは台所仕事も同じだ。四、五日前、とうもろこしのかき揚げをつくった。何本も頂き物をしたので、蒸かす、とうもろこしご飯、コーンスープと進み、ついその気になって。

そもそも天ぷらをしばらく揚げていなかったのだが、小麦粉と水、氷を二個入れてさっと溶き、衣を作ったところへ包丁で削いだ粒を加え、お玉ひとすくい分ずつ揚げればヨシ……となるはずだったのだが、そろりと油に放った瞬間、あ、あ、ああ〜。黄色のツブがバラバラに離れて散っていく。あせって寄せても修正はきかなかった。

惨敗であった。

衣の濃度、油の量と温度がズレた。悲しい結果に打ちひしがれ、くやしくてたまらない。明日あたりリベンジしたいのだが、正直なところ、連敗がかなり怖い。

しゃらくせえ

ケンカ腰をアピールするつもりで「しゃらくせえ!」と鼻で笑ってみたら、相手に意味が通じなくてぽかんとされ、ぎゃくにこっちが腰砕け……という知人の自虐話をつい最近聞いた。石原裕次郎とか小林旭が自分のなかに入ってたのかなと思ったら急に恥ずかしくなったんですよ、と言う。

わかる。私にも似たような経験がある。

話の途中で「ぎゃふん」と口走ってしまい、その瞬間、自分に(古い!)とツっこんだが、遅かった。

「それ、昭和アピールですか」

バッサリ却下され、また心のなかで「ぎゃふん」と叫んだのだった。

「しゃらくさい」は、「小生意気だな」とか「洒落たまねをするんじゃないよ」とか、〝気に入らねえな〟を表すときに使う言葉だと思うのだが、いちおう、いま調べてみた。
「しゃらくさい」の語源は諸説あるらしい。「お洒落」が縮まって、不相応な身なりを「しゃらくさい」と揶揄した説。浮世絵師の写楽の名前から派生した説。越前で遊女のことを「しゃら」と呼び、シロウトが遊女のようにめかしこむ様子を指した説。遊女を買いにきた男が安っぽいお香を焚きしめているのを「伽羅」っぽいとからかった説――この定まらなさ、胡散臭い感じが「しゃらくさい」のニュアンスにはむしろぴったりだ（いまなら「うざい」のひと言なんだろう。「ムズい」は、しばらく「ムズ痒い」だと思っていた）。「しゃらくさい」という言葉の深さを考えたのは、夜更けのバーだった（この設定がすでにしゃらくさい）。

スイス・ジュラ地方のチーズに「テット・ド・モワンヌ」がある。「修道士の頭」という意味で、一キロ弱の円筒形のセミハードタイプ。もともと修道院でつくられ始めたから、この名前がついたらしい……というのも、もちろんその夜まで知らなかった。

名前も場所も忘れてしまったが、どこかのバーで開いたメニューのなかの一行。
「テット・ド・モワンヌ（修道士の頭という名前のチーズ）」

好奇心が刺激されないわけがない。とりあえず、修道士の頭の正体を見届けたい欲望でいっぱいになり（たしか四人だった）、「テット・ド・モワンヌ」を注文した。
なんだろう、これ。

円筒形のチーズがシャープなステンレスの道具に固定され、「?」をいっぱい浮かべていると、うやうやしく運んできた店のひとがハンドルを廻し始めた。

くるくる廻るたび、チーズの表面が薄い花びらかリボンのように削れてゆく。

びっくりした。

くるんと丸まったふわふわのチーズの花びらは、鉛筆を削ったあとの丸まった木クズにそっくりだとはとても言い出せない華やかさ、繊細さ。この「テット・ド・モワンヌ」専用の道具の名前は「ジロール」、削ったチーズがジロール茸の傘にそっくりだということらしい。

口にふくむと、塩気の効いたうまみがねっとりと広がり、ワインはもちろん、濃厚な風味が酒を呼ぶ。バーで出す意味がよくわかった。

言葉もなく感嘆していると、誰かが小声でうれしそうにつぶやいた。

「しゃらくせえな」

やたら華やかな夜更けの花びらを眺めながら、うまいことを言うなあ、その通りだと思った。

正しい判断

アメリカのホームランダービーを、初めてテレビで観戦した。もちろん、打席に立つ大谷翔平選手の活躍を目撃したくて。手に汗握って画面の前に座ったのだが、映し出される大谷選手はずっと笑顔で、二回の延長戦の見せ場まで作ったうえ、息が上がって「きっつー」と言いながらもタフな笑顔のままだった。いたく心を動かされた。

史上最多だという特大五百フィート超え六本の飛距離のすさまじさはもちろんだが、それ以上に強烈なインパクトを感じたのは、ホームランダービーという〝祭り〟を初めて体験したにもかかわらず、いたって自然体の一挙手一投足と表情だった。一回戦敗退に至った結果まで「楽しかった」という言葉に吸い込むのも、やはり並みの人物ではない。

余韻に浸りながら、以前読んだ大谷選手といきどいちろうさんの対談を思い出していた。

当時二十歳の大谷選手が、運をよくするために大切にしていることのひとつが〝「楽しい判断」より「正しい判断」〟と話すくだりに驚かされ、忘れられなかった。目先の楽しさに引きずられて判断するのではなく、「正しい」という基準で物事を考えたり話したりすることを心がけているというのだ。それを読んで、大谷選手の人となりや行動に公正さを感じる理由が、少しわかった気がした。

記憶のスイッチが入った。

何年も前、都心にあるイタリア料理店での話だ。友人四、五人が久しぶりに集まって食事をしているときのこと。

運ばれてきた二皿め、にんにくと赤唐辛子のスパゲッティが猛烈に辛い。極小のカラブリア産の唐辛子が、シェフの予想をはるかに超える仕事をしたらしい。自分に挑戦する気になってフォークに巻きつけたが、食べ終える頃には味覚が崩壊しかけており、涙目のまま最後のカプチーノまでたどり着いた。

タイ料理も顔負けの辛さに動揺していたのだろう、テーブルに挨拶に来たシェフに、旧知の間柄だったから、つい「唐辛子の威力に負けた」と軽口を叩いてしまった。

すると、一瞬顔をこわばらせ、シェフが言った。

「そのとき伝えてもらえたら、すぐ作り直しました。言ってもらえたらよかったです」

あわてて取りなしたのだが、いまだにこのときの気まずさが忘れられないでいる。場の空気を遮っても自分の皿について申告したほうがよかったのか、それともシェフには黙ったままにしておくべきだったのか、いやそれとも……。

〝「楽しい判断」より「正しい判断」〟について考えていたら、こんな記憶が引きずり出され、さらに思いをめぐらせた。「楽しい」と「正しい」は、ときに重なり合ってもいるだろう。いっぽう「楽しい」は「正しい」を見えにくくすることがあるし、「正しい」は「楽しい」を押し潰してしまうことがある。「正しい判断」を見定めて選ぶのは、思いのほかむずかしい。だからこそ、「正しい判断」に軸足を置こうとする大谷選手の人となりに誰もが惹きつけられるのだろう。

すぐ翌日、オールスター戦に大谷選手が出場した。一回表に一番DHで打席に立ったあと、一回裏の先発マウンドに上がり、十四球を投げて三者凡退。つい昨日、あれだけ超特大打を記録したのに、一夜明けてすぐ百六十キロを連発、しかも勝利投手になった。球宴のグラウンドでも、ふだんと同じようにゴミを（運を）拾っていたらしい。

ダバダバダ

二〇一九年の紅白歌合戦に登場した、ＡＩの美空ひばりの新曲や言葉が世間を騒がせている。私もぎょっとなって凍りついたくちなので、後日、ラジオでの山下達郎氏のコメント「ひとことで申し上げると冒瀆です」に、溜飲を下げた。テクノロジーと死者が安易に繋がることに抵抗があるし、そこにカネの匂いを嗅ぎ取るとたまらない気持ちになる。

いっぽう、ＡＩをうしろ脚で蹴っ飛ばす映像もある。

映画「男と女　人生最良の日々」。一九六六年、世界中で喝采を浴びたフランス映画「男と女」の続編である。ピエール・バルーのスキャット「ダバダ　ダバダバダ……」がいまも耳について離れない恋愛映画の、その続き。

いやもう、腰を抜かしました。なにしろ、監督・脚本はクロード・ルルーシュ、主演はジャン＝ルイ・トランティニャンとアヌーク・エーメ、音楽はフランシス・レイなんですよ。つまり、五十三年前とおなじ監督、主演俳優、音楽家（フランシス・レイは本作を手がけたのち、二〇一八年逝去）、しかも現役。かつての監督のもとに再集結するなんて前代未聞じゃないのか。

しかも、みょうに艶っぽい。ジャン＝ルイ・トランティニャンは一九三〇年生まれ、アヌーク・エーメは三二年生まれ。介護施設で暮らす男を女が訪ねるという設定なのだが、現実と過去の記憶がまだらになった八十代の男の色気にびっくりだ。何度も流れる半世紀以上前の、しかしまったく色褪せない「男と女」のシーン、特殊メイクのない素のままの俳優の現在、スクリーン上の男と女。こんなメタドラマが現れるとは。

自分が思った以上に揺さぶられていたのだろう、小さな和食の店でとつぜん、場違いな「ダバダバダ……」が脳裏に響いた。有楽町で落語を聴いたあと、友人たちと連れだって久しぶりに暖簾（のれん）をくぐった店でのこと。ついさっき「よみうりホール」で聴いた、柳家喬太郎師匠のトリの一席「任侠流山動物園」のおもしろさが、とにかく凄まじかった。「清水次郎長伝」を下敷きにした三遊亭白鳥による新作落語で、登場するのは動物だけ。流山動物園の豚の豚次が、上野動物園に君臨する大親分、パンダのパン太郎に話をつけにゆくところから始まる荒唐無稽な噺は、そもそも「男と女」のフレンチ・テイストとは宇宙ほども遠く離れた世界なのだが。

腹を抱えて笑った興奮が冷めないまま、手書きの品書きを覗きこむ。

お、と惹きこまれた。

信田巻、深川煮、ねぎま鍋……最近あまり見かけなくなった日本料理の名前があれこれ並んでいる。信田巻は油揚げ、深川煮はあさりを使う料理を指し、ねぎま鍋はねぎとまぐろ。いずれも古くからの日本料理の名前と仕事で、こうして引き継がれて健在なんだなと思うとうれしかった。

信田巻は、開いた油揚げで鶏ひき肉とふきをくるっと包み、干瓢（かんぴょう）で縛ってある。深川煮の小鉢は、さっと煮たあさりがいい味をだしている。鉢巻きみたいにきゅっと油揚げを固結びにした干瓢を箸で外しながら、昔のこまかい手仕事に感じ入った。郷愁やら感嘆やら、いろんな感情が脳内で繋がったらしく、「ダバダバダ……」のスイッチが入った。フランスにはフランスの、こっちにはこっちのやり方がある、ホラここに現役のノロシが上がっているぞ。絶品の落語と相まって、いっそう心強かったのである。

トムヤムクンの将来

ええー、それはどうなの。

ユネスコが二〇二二年秋あらたに選定する無形文化遺産に、タイ政府がトムヤムクンを推すことを閣議決定したニュースを聞いて、「?」となった。

じっさい食べたことがなくても、トムヤムクンの名前を聞いたことがあるとしたら、〝世界三大スープ〟に数えられて名を売ったからだろう。とはいえ、〝世界三大ナントカ〟という設定は、そもそも曖昧なもの。〝世界三大スープ〟にしても、中国のふかひれスープ、ロシアのボルシチ、タイのトムヤムクンあたりがよく挙がるのだが、じゃあフランスのブイヤベースはどうなの、イタリアのミネストローネは、アメリカのクラムチャウダーは、韓国のチゲは……三本どころか、あっというまに七本の旗が立つ。そういえば日本の味噌汁も入れるべきでは……収拾がつかなくなってくる。

とりあえずトムヤムクンについていえば、インパクトの強さは申し分ない。トム＝煮る、ヤム＝混ぜる、クン＝海老。辛くて、酸っぱくて、ハーブの風味が爽やかで、一度知ったらやみつきになる。おもな材料は、海老やきのこ。調味料はナムプラー、マナオ（タイライム）、チリ・イン・オイル（タイでポピュラーな複合調味料）。ハーブ類はレモングラス、プリッキーヌー（小さな唐辛子）、カー（生姜に似ている）、パクチー。ぜんぶ日本で揃えるのは面倒だけれど、タイでは近所の市場やスーパーで買える手近なものばかりだ。

トムヤムクンは特別な行事食でもないし、高級料理でもない。尾頭つきの海老を使えばご馳走感はでるけれど、鍋を火にかけたら十五分くらいで簡単にできる。ユネスコが無形文化遺産の基準のひとつに挙げている「消滅の危機に瀕する」要素は、じっさいのところ薄い。そんな料理に「遺産」の冠を載せようとするところに、私はツーリズムの気配を感じてしまう。

九年前の一件も思い出す。

二〇一三年、日本の和食が無形文化遺産に選ばれると、インバウンドの和食消費は一気に高まったし、国外で和食への興味や関心も広がって、狙い通り世界的な健康志向の高まりにぴたりと重なった。でも、日本では「無形文化遺産となった和食って、本来は何なんだろう」と議論も起こらず、マスコミが水を向けても世間には微妙な遠巻き感があった。それは、自分の食卓にわざわざ遺産というラベルがついたり、文化アピールや経済戦略、はっきりいえば政治的な手段として和食が扱われる気配が拭えなかったからではないだろうか。

そもそも和食は、明治期になだれこんできた欧米の食文化に対して生まれた新しい言葉だ。各地で引き継がれてきた知恵や技術が日本の食文化を支えてきたけれど、じゃあカレーやとんかつやラーメンは無視していいのかとも思う。貪欲な好奇心を発動して国民食に育ててきたのに、「自然の尊重」（農水省による和食の定義の一部）の要素はとくに見つからないという理由を導入してカレーやラーメンを和食から外すなら、カタカナは日本語じゃないという理屈になってしまう。それに、遺産ですよ大事にしなさいと上から目線で言われなくても、みんなそれぞれ工夫しながら今日の食卓を更新していますという話である。

トムヤムクンを推す理由として、タイ政府は「タイ中部の農村地帯の素朴な生活様式を反映している」「スープに使われる様々なハーブは自家製で健康にいい」と猛烈アピールするもよう。〝世界三大スープ〟のままのほうが想像力を刺激されて、はるかに現役感がある。

ミラクルひかる賛江

ミラクルひかるのYouTubeチャンネルで見た映像「おばあちゃんの日常」の話をしたい。ミラクルひかるの大ファンだ。いつもうっとりぽかんとしながら仰ぎ見ている。

ものまね芸人、ミラクルひかる。未知の世界の扉を開けて見せてくれるアーティスト。虚実皮膜のあわいから洩れる毒とリスペクトと批評性がじわじわ効いて、みょうな中毒性がある。レパートリーの幅もすさまじいのだが、とりわけミラクルなのは宇多田ヒカル、工藤静香、中島美嘉、ＪＵＪＵ、倖田來未……それぞれまったく違う人物なのに、声色や歌はもちろん、顔まで本人にしか見えないってどういうことなんだろう。

動作の微妙な癖まで見抜く洞察と分析、それを表現する身体能力。現代美術に「本人になる」という表現行為を持ち込んだのは現代美術家、森村泰昌だったが、芸能の分野ではミラクルひかるがぶっちぎりだ。

さて、「おばあちゃんの日常」の話である。二〇二〇年十二月三日動画配信、年をまたいで一月中旬現在の視聴数、二十四万回。

いきなり画面に登場した野良着姿のおばあちゃんが、畑仕事のかたわら、訥々(とつとつ)と語り始める。

「わたしはねえ　毎日毎日楽しいの　六十年間ねえ　わたしはねえ　ずうーっとねえ働いてるの　毎日毎日ねえ 休んだことないのよ　そうだよお　はっ、はっ、は、はあ〜」

息が凍る真冬も、おばあちゃんは働き詰めなんだな。勝手にじわっときかけていると、タワシでこすっている大根は買いたてのピカピカだし、アップになった顔には口のまわりに黒い太ジワが描いてあるし、これみよがしに舌をべろんと突き出している。

抑揚と間合いの濃い、ひとり語りのナレーションが続く。

「腹がへったらねえ　なんでもねえ　自分でとりに行ったよお　それがねえ　おやつほんだからもうお金がいっぱいあるうちは白い砂糖使ったぼたもちやらなんだらかんだら配っとったけども　わしらは貧乏の家の子だもんで　歩いてねえ　歩いて歩いて　山に山菜とりにいってねえ　ふきやらわらび、ぜんまい　トチの実も採ったりしとったよお　タヌキがおったらタヌキころして　キツネもころして食べとった」

ミラクルひかる自作自演、畑仕事に精出すおばあちゃんの日常。十六で嫁に来たむか

しを語り、「からだが丈夫になれば心が丈夫になり　心が丈夫になればそのひとの生きざまが丈夫になるの」と、人生哲学を語る。日本人の描写、山の暮らしの記録、食の歳時記、「おばあちゃん」にいろんなベクトルの要素をぶちこんで、架空の人物像を確立させる力技にうなる。しかも、この映像は「まさみおばあちゃんのおせち」と題したYouTubeの別動画へのオマージュにもなっている念の入れよう。本家本元の動画の語りもチョイチョイいじって、毒の注入度も申し分ない。三回続けてリピートしました。

　五分三十三秒の動画の終盤には予測不可能な展開も用意されており、苦笑。おばあちゃんの人生描写すべてを回収するラストに痺(しび)れます。

　山菜、わらび、ぜんまい、トチの実、よもぎ、タヌキやキツネ。日本むかし話の世界に誘われる心地もまた、ミラクルひかるの贈り物なのだった。

栃の実、栃餅

窓ぎわの日当たりのいい場所に、つやつやに光る濃茶の実がぎっしり木枠の箱に並べて干してある。栗に似ているのだが、よく見ると皮がもこもこ微妙に隆起しているので、顔つきが違う。

栃の実である。

ほう、これが実物の栃の実なんだなあ。勝手にじーんとくる。

石川県、霊峰白山（はくさん）のふもとの白峰（しらみね）。こうして初めて本物の栃の実に巡り会うまで、栃の実はいつも栃餅に姿を変えたあとだった。

栃餅を偏愛してきた。

とはいえ、栃餅はめったに口にできるしろものではなく、私の場合は、旅先で不意にひょっこり出会うもの。山の近くに旅をすると、栃餅はないか、栃餅はないか、きょろきょろと落ち着かない。

これまで栃餅に出会ってきたのは、山形、石川、滋賀、京都、兵庫、鳥取など。たいてい地元の小さな和菓子屋に地味な顔をして座っているのだが、私の好みはあんこも何も入っていない素っぴんだ。いざ見つけると、自分でも恥ずかしいくらい静かに昂奮し、この一個で寿命が延びるとさえ思う。

わずかに灰色を帯びた、くすんだ薄茶色をしている。

栃の実と餅米を合わせて蒸した色なのだが、実の分量が多いほど薄茶色の濃度が増し、ぐんと芳しくなる。餅のなかに濃縮された木の実独特の香ばしさ、ほのかな苦み、えぐみ、ほかの食べ物ではけっして味わえない。それに、栃餅は、餅米だけよりきりっと歯切れがいいところも癖になる。

さっき、栃餅はめったに口にできないと書いたけれど、かつて戦前あたりまで、栃の実を主食にする土地は日本中のあちこちにあった。そもそも栃は縄文時代以来の採集堅果類で、古来日本人は栃をはじめ楢類や樫類などの木の実を食べてきたし、米のとれにくい山村では貴重な生活の糧として大切にされてきた。きなこのように粉にして料理に使ったり、練って丸めてだんごにしたり、煮物に入れたり、羊羹に仕立てた土地もあるらしい。

ところが、米が日本中まんべんなく流通すると、栃の実を食べる習慣はがくんと減った。いまでは、餅やせんべいなどの嗜好品として、各地でほそぼそと作られているに過ぎない。だから、旅先で栃餅に出会うと、よくぞ！　という気持ちが高まる。

これほど貴重な存在になってしまったのは、栃の実の事情もある。実に含まれるアロイン、サポニンなどの苦み成分を除くために、とんでもない手間と時間がかかる。土地それぞれ、あるいは家庭によってオリジナルな工夫と方法が伝承されてきた。たとえば、焼畑農業が始まるのと同じ弥生時代から栃の実を食べてきた白山の白峰では、取り出した実を二十日間ほど天日干し、谷川の水に二週間浸す、釜で煮る、灰汁と混ぜて数日間寝かせる、洗う……辛抱を絵に描いたような過程を進めながら、栃の実を食糧に変えていた。

栃餅を口にするとき、味覚をつうじて、じーんと痺れるような感覚をおぼえる。木の実を食糧に変えるための執念、努力、生存本能、あるいは食い意地。そのようなものが、厖大な時間とともに自分の味覚のなかにどっと流れこんでくる気がする。

初めての巻柿

その包みが届いたのは去年の暮れだった。

差出人を見ると、熊本在住の友だち。見慣れた丸っこい字に頬が緩む。しょっちゅうLINEやメールや電話で話しているけれど、とくに「包みを送った」という知らせもなかったので、「?」と思いながら紙袋を開くと、奇妙な物体がころんと現れた。

草色のわらでぴっちり、ぐるぐる巻きにした紡錘体。胴の部分は直径十センチ弱、全長二十センチほど。

なんだろう、これは。

丸いタグをまじまじと見る。

「矢部名産　巻柿
自然食品

熊本県　上益城郡矢部町巻柿生産組合」

へえ、熊本の名産品に巻柿というものがあるのか。そもそも干し柿を年末年始の贈答に使う土地もあるし、「お正月に食べてみてよ」と送ってくれたのかもしれない。すぐ食べ方を訊けばよかったが、ちょうど二人ともきりきりと忙しく、連絡すれば仕事の話に流れてばかりで、「もう生産者が残り少ないらしいの」とだけ聞いた。

まるで工芸品のような造形美に惚れぼれとする。いますぐ開けたい欲望に駆られたけれど、外側の巻きを解いたら、きっと復元不可能。一分の隙もなく引き締まった縒りの太いわらの巻き方から、手練れの技が伝わってきた。紡錘形の中心には輪っかがあり、両端は切りっぱなし。輪っかを引っかけて吊して保存するのかしら。

しまうのがもったいなくて、巻柿を居間のテーブルの上に飾った。食事のとき、新聞を読むとき、ちらちら目の端に入るたびにうれしく、いくら眺めても飽きない。優れた工芸にはおのずと視覚的な強度が備わっているんだなと毎日思う。

お正月が来た。松の内に開けると決めていたのに、その気になれない。造形美を崩すのが、ただただもったいなかったのだ。

でも、いつまでも眺めていては……と思ううち、絶好のタイミングが到来した。

二月下旬、年に一度の私の誕生日。ここしかない！

そのまま食べるのはストレートすぎる気がして、一計を案じた。

干し柿を前菜に仕立てよう。添えるのはクリームチーズ、黒胡椒、蜂蜜。きっと白ワインにぴったりだ。イタリアンパセリのみじん切りなど散らしてみたかったけれど、うっかり買い忘れてしまった。

わらのぐるぐる巻きの一端に、じゃきっとハサミを入れる。切れた端を引っ張ってほどくと、納豆の藁苞(わらづと)そっくりの紡錘体の稲わらがばさっと落ち、竹皮の包みが登場。剝くと、硬く引き締まった飴色のかたまりが現れた。

輪切りにしたときの衝撃。

薔薇の花のような切り口が美しい。わらのぐるぐる、種を取って何枚も重ねた干し柿のぐるぐる文様、外と内側ふたつの呼応にも、ため息が出た。

巻柿をつくる山都町白糸地区では、「投烏帽子(なやぼし)」という渋柿を、手で揉みながら甘く仕上げるという。夏頃から集めて準備する本竹の皮、稲わら、手をかけて土地の産物が守られている。地元では、巻柿は縁起物として大切にされていると知った。

ねっとりと甘く、こくが深い。チーズも黒胡椒も蜂蜜も抱きこむ包容力もすばらしく、虜になった。

熊本の友だちにさっそく自作のひと皿を写真つきで報告すると、すぐ返事が来た。

「その組み合わせ、すばらしいはず!」

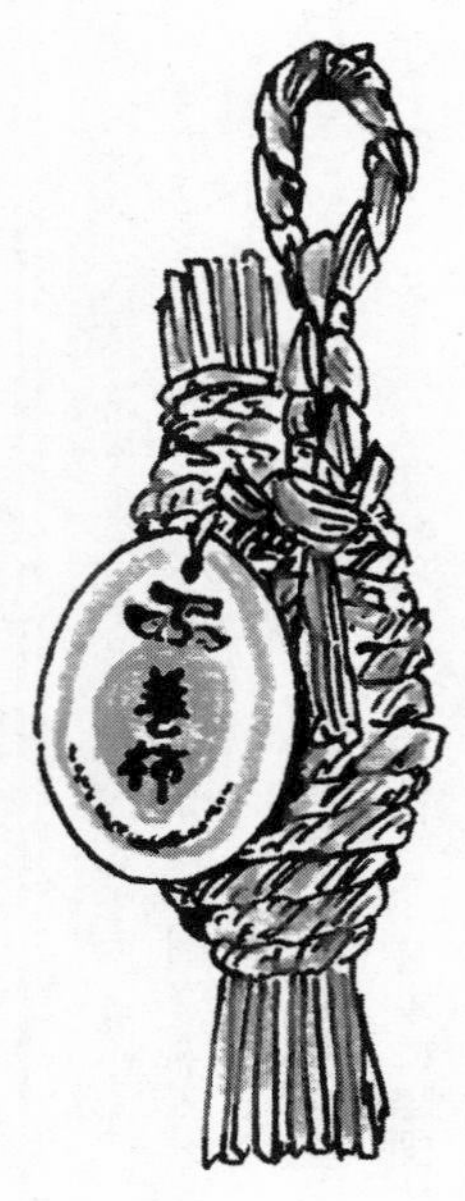
巻柿

クラフトコーラを下落合で

クラフトコーラの話を知ったのは、『1キロ100万円の塩をつくる』（ポプラ新書）というめちゃくちゃ面白い本だった。

著者は「稀人(まれびと)ハンター」を名乗る川内イオさん。川内さんは二〇〇六年にバルセロナに移住、サッカーのライターをしながら四年間暮らし、日本に帰国すると「稀人」を探しだす目利きとなった。白羽の矢を立てる人物は、常識をすっ飛ばした思考の持ち主ばかり。経験もないのに三百年の茶園を引き継いで日本茶づくりに挑む元サラリーマン、大阪で一日三千個売れる創作おはぎをつくる元デザイナーの女性、ヒマラヤの麓でピーナッツバターをつくり、現地に工場を建てた元美容業マネージャーの女性……無鉄砲と瞬発力とポジティヴ・シンキングを総動員しながら生きる十人の歩みを、ていねいに描く。彼らがつくり出す味は、前例のないオンリーワン。そのなかに「伊良(いよし)コーラ」のことが書かれていた。

東京都新宿区下落合、神田川沿いに「世界初のクラフトコーラ専門メーカー」を謳う「伊良コーラ」はある。オープンは二〇二〇年二月というから、ぴっちぴちだ。目立たない地味な場所なのに、週末には工房兼店舗の前に行列ができるらしい。創業者は「コーラ小林」。以前、カレーの伝道師、水野仁輔さんが「カレーになりたい」と言うのを聞いたときも感動した。ぞっこん惚れて打ち込む食べ物と一心同体になりたい真情に痺れる（私なら、油揚げになりたい）。

「コーラ小林」の経歴はユニークだ。下落合出身、北海道大学に進み、東京大学大学院で海の魚の生態を研究する。卒業後、大手広告代理店に就職。多忙な毎日のなかの息抜きがオリジナルのコーラ作り。おいしさを求めて休日になると研究に余念がなかったが、行き詰まりを感じていたとき、亡くなった祖父が営んでいた「伊良葯工（いよしやっこう）」の工房を整理する機会があった。祖父の使っていた古い道具、遺されていたメモやレシピ。祖父は漢方を調合する職人で、小林家では体調を崩すと漢方薬を飲むのが習慣だった——。

すごい物語だな。もともと酒が強くない「コーラ小林」の釣りや旅のおともはコーラだったというのだが、それよりなにより「伊良コーラ」は小林家に伝わる和漢方の製法を活かして生まれていた。一本のクラフトコーラに流れる家族の歴史をごくごく飲んでみたくて、喉が鳴る。

さっそく入手できる都内の卸先を調べ、そのうちのひとつのデパ地下に向かった。おいしいものが揃うセレクトコーナーの棚に、ちょこんと「伊良コーラ」のかっこいいロゴマークが並んでいる。ごろんと丸っこい茶色の瓶、青いラベルにカワセミの絵、銀色のスクリューキャップ。炭酸で割って飲む「魔法のシロップ」Mサイズ二百五十ml、一本二千七百五十円。開けたらすぐ飲める細い小瓶タイプも二本買った。

冴え渡るおいしさ。コーラの実、カルダモン、ナツメグ、シナモン……複雑なスパイスと柑橘類の風味は、なつかしいような未知のような、夢見心地の味。かなりあせった。私の好みのどまんなかだったから。

二週間後、冬晴れの土曜日。散歩がてら下落合の工房がある小さな総本店に足を運んだ。レモンと挽きたての黒胡椒の入った注ぎたての冷たいコーラが爽快。入り口脇に掲げてあった「コーラ小林」のおじいさんの写真に挨拶できたのもうれしかった。

「夜のパン屋さん」誕生

「『夜のパン屋さん』をやろうと思うの。売れ残りそうなパンをお店から預かって、その日の夜、路上で売る」

友人の料理家、枝元なほみさんから聞いた。

「すごいね、そのアイディア！」

私はかなり興奮し、朝のパンが夜、誰かの手に渡ってゆくところを想像して沸いた。以前、テレビのニュース番組で偶然見かけた小さな洋菓子屋さんの話も記憶に刺さっていた。店主は「大事につくったものを自分で捨てられなくて」と言い、売り切れるまで、深夜になっても店を開け続けている。パン屋さんもきっと同じ思いだろう。

話はそれだけではなかった。

「パンを預かって売るのはね、『ビッグイシュー』を販売しているひとたちなんだ」

さらにすごいアイディアだ。コロナ禍中、街頭で「ビッグイシュー」を売る姿がめっきり減ったことも気になっていた。彼らが分担してパンを預かり、おいしさを損なわないうちに販売すれば「新しい仕事」が生まれ、食品ロスも解消される。

枝元さんは、NPO法人ビッグイシュー基金共同代表でもある。毎月二回発行の雑誌「ビッグイシュー」は、路上で手売りすることによってホームレスの人々の自立を応援しようという試み。販売者は一冊二百二十円で仕入れて四百五十円で売り、その収益を手にする。創刊以来十七年、二〇二〇年三月までの販売者への提供収入額十三億四千四百二十二万円というから、支援の仕組みはがっちり出来上がっている。

いよいよプレ・オープンの夜。

場所は地下鉄・神楽坂駅を出てすぐ、矢来町の書店「かもめブックス」の軒先だ。主旨に賛同して十九時半～二十三時、店の軒先を貸してくれることになったと聞いたとき、どんな世知辛い世の中でも、神様はちゃんといるんだなと思った。

第一夜、十月一日。十九時半過ぎ、どきどきしながら「かもめブックス」前に足を運ぶと、書店の脇から壁に沿って長蛇の列。手作りの小さな売り場に数種類のパンの袋が置かれ、飛ぶように売れてゆく繁盛ぶりに驚く。

並べたパンは、「夜のパン屋さん」に協力した都内の三軒がそれぞれに詰めたもの。それを「ビッグイシュー」の販売者の男性たちが預かって神楽坂に運び、枝元さんたちが売る。お客さんは、近所で話を聞きつけたり、SNSで知ったり、まちまちのようだが、パンを買うことで「夜のパン屋さん」の活動に自分も参加したいという熱気が伝わってきた。「名前だけ知っていたパン屋さんの味が手軽に買えるのもうれしい」と言う声も耳にした。パンをめぐって生まれた、食品ロスの風穴。

じつは、この試みは「ビッグイシュー」への寄付から始まった。「新たな事業が生まれたら」という篤志家の意思が、「夜のパン屋さん」の構想と繋がったのだが、パンを提供してくれるお店を見つけるのはなかなか困難だと聞く。

「当面の課題は、協力してくれるパン屋さん探し。本音をいうと、大変なの。でも、食品ロス、働き方……社会に新しい循環を生み出したい」

枝元さんは表情を引き締めるのだが、現在の提携先は十七店舗まで増えた。希望は捨てない。しばらく軒先を間借りし、ゆくゆくはバンで販売するのが夢。その車も買ってある。

お客いろいろ

最近テレビでよく見かける、近未来的な高級鮨屋のＣＭ。いかにも年季の入った鮨職人の片腕はテクノロジー技術で、お客が口々に注文すると、指示をだす。

「鰤（ぶり）鯛（たい） 鰹（かつお） 鮪（まぐろ） 鰈（かれい） 蛤（はまぐり）」

瞬時にコンピューターが聞き分け、ネタ箱が自動倉庫から到着。すばやく鮨を握ってお客の前へ……というアレ。最後に「物流ソリューションはトヨタＬ＆Ｆ」とナレーションが入るので、へえ、トヨタのＣＭなんだな。Ｌ＆Ｆは「ロジスティクス＆フォークリフト」、〝テクノロジーが進化すると、こんなスゴい自動・無人化が実現します〟（↑私なりの理解）という趣旨らしい。

すごい、こんなことも出来てしまう日がやって来るのかと驚きながら、ちょっともやもやする。この鮨屋に行ってみたいかと訊かれれば、答えはノー。お門違いの感想だと思いつつ、ＣＭを見るたび「んんー」。鮨ダネの木札を眺めながら、次は小鰭(こはだ)かな、いやその前に平目をいっとこう、えーと今日の貝は……頭のなかを忙しくさせながらうろうろ迷うのも、私にとっては鮨屋での愉しみのひとつなので、注文のさばきにスキがないと、きゅーっと追い詰められてしまう。煩悩のカタマリになっているのを察して、「今日は地ダコが入ってます、うまいですよ」などと水を向けられると、投げ込まれた浮き輪にすがりつく気持ちで「じゃあタコください！」。カウンターのあっち側とこっち側で肝胆(かんたん)相照らすというか、阿吽(あうん)の呼吸というのか、こういうふわっとしたやりとりがうれしくて、鮨屋の暖簾をくぐるときがある。

化粧品は、同じものを長年買い続けている。とくに文句も不満もないのでずっと同じもの……といえば聞こえはいいが、本音を言えば〝変えると迷うから〟。星の数ほどキラめく化粧品情報をフォローする気力もさばく自信もなく、じっとおとなしくしている。なので、デパートの化粧品売り場での滞在時間は最小限だ。買い足す商品名を売り場のお姉さんに告げ、それを出してもらって買うと、あっさり帰る。接客のしがいがないというか、お客として愛想がないなー、と自分でも思うのだが、油断すると軍門に下ってしまうのがこわい。

その日も、愛想のない客として某デパートの某化粧品売り場に向かった。いつもの青いボトルが棚の真ん中寄りの位置に置いてあるはず……なのに、やや、消えている（おなじものを買い続けているので変化に免疫がなく、やけに動揺）。あわててお姉さんをつかまえて訊くと、二メートル先の場所からおなじ色だがデザイン違いのボトルを持ってきてくれた。

「中身の乳液は変わらないんですが、外が変わりました。お値段も変わりました」

容量も同じなのに、千円も値段が高くなっていた。

理不尽である。でも、「おなじもの」という一点が命綱なので、なにも文句が言えない。

「こ、これ下さい……」

お姉さんのスキのない完璧な眉が、気の毒そうに一瞬くもったのがせめてもの救いだった。

こないだ、ものすごくひさしぶりに通りすがりの「ミスタードーナツ」に入った。集中して本を読みたいとき、〝ファストフードの店に入るとものすごくはかどる〟という自分でもよくわからない癖がある。その日の目的は、お代わり自由のコーヒー、学生時代に食べたなつかしいゴールデンチョコレート、読書の三本立て。

一階のすみに陣取って文庫本を読んでいると、杖をついたおじいさんが入ってきた。

「いらっしゃいませー」

若い女の子の店員がマニュアル通りに声を掛ける。すると、おじいさんが言った。

「いっぱいあるけど、どれがなんだかようわからん。あんた、ちょっとここへ来て、教えてくれんかのう」

そりゃそうかも、と私も思った。

同じ大きさの、同じ穴が空いているドーナッツ。よく見れば違うかもしれないが、見慣れていないおじいさんにとっては同じものに見えるのもわかる。

孫のような女の子がどう出るのか、他人事ながら緊張した。

「あ、ハイわっかりましたー」

明るい声が響いた。彼女は急いでおじいさんの隣にやってきて、一種類ずつ指で示しながら端から説明してゆく。おじいさんは、うんうんと小さく頷きながら、そのあと四つ選んで買っていった。

なんてことのない光景だけれど、私はうれしかった。

そのすぐあとのお客は四十代くらいの女性だった。

開口一番、彼女は言った。

「八個欲しいんですが、ひとつの箱にぴったり入れて欲しいので、すきまができるなら注文を増やします」

過不足のない注文の仕方だなと、これはこれで感心する。お客のプロみたいなひとだった。

地雷多様

「うっせぇ　うっせぇ　うっせぇわ」

道を歩いていたら、いきなり後頭部に刺さってきた。

もちろん知っている。

Ａｄｏ「うっせぇわ」（作詞・作曲syudou）。女子高校生が歌う「令和の反抗ソング」なんて言われているらしいが、そんなラベルはさておき、忖度なしの過激な歌詞とデスメタルっぽい曲調の間に一切のスキマがなく、突き抜けて痛快だ。「上司とか教師の前では絶対歌えない曲」とも言われているらしいが、しかし、いま私が歩いているのは小学校の正門の前だ。

ぎょっとして振り返ると、「うっせぇ」の発生源は三メートル後方。ランドセルしょった小学生の女子五人が首を振りながら合唱「うっせぇ　うっせぇ　うっせぇわ」。ただし、あたりをはばかる絞り気味の音量なので、逆に怖くなる。だって、そのあと、確かこう続くんですよ。「ちっちゃな頃から優等生」「ナイフの様な思考回路」「遊び足りない」「何か足りない」「困っちまう」。

　まいりました。下校時刻のホラーかもと思ったら、歩く速度が早くなった。

「うっせぇわ」とひと括りにしたくなる感情は、地雷だなと思う。べつに待ってもいないのに、あちこちに仕掛けられている。

　こないだぼんやりテレビのニュース番組を見ていたら、レポーターが店主から料理の説明を受ける場面。

　メニューを開いて店主が言う。

「お勧めはしそアンドささ身の焼き餃子です。たこアンド明太子アンドチーズもございますし、こちらの海老アンド黄にらアンドアボカドもお勧めで……」

「あんど」の音だけが木の葉のように頭のなかをくるくる舞う。メニューには「&」と書いてあるのかもしれないが、ここは「と」と発音しても構わないんじゃないだろか。

　自家製パスタを出すイタリア料理店のメニューにも地雷はいっぱいだ。「魚介のカヴァタッピ」「かぼちゃのクリームソースのルマキーネ」「トマトソースのラディアトーリ」「山栗のソース　カサレッチェ」……ええと、ええと。なけなしの想像力を総動員してみても、手がかりさえ与えられない。メニューの辞書化にはメンタルが弱る。

産地と生産農家をそのまま料理名にしてメニューに載せてある場合がありますね。

「北海道の斎籐さん親子が丹精込めて育てた季節の野菜（無農薬）森のサラダ」

とても困る。料理名として、まず長い。店のプレゼンテーションをそのまま朗読させられるのも、癪（しゃく）に障る。さくっと端折（はしょ）りたいのだが、プレゼン部分を全部取ってしまうとただの「サラダ」になってしまい、ほかのサラダとの判別がつきにくい。仕方がないから、「北海道の、あの、これ」。当方の意を汲んでもらう手続きが面倒です。

スカッとする話をひとつ思いだしました。とある銀座の喫茶室で、仕事相手と待ち合わせたときのこと。メニューのコーヒーの隣に「お代わり　ご自由に」と添え書きがある。注文するとき、そのひと（推定五十歳。男性）が平然と言い放った。

「コーヒー飲み放題ください」

たわしと私

とある町の路地裏。そうとう年季の入った小料理屋の前を通り掛かり、ぎょっとして足が止まった。

店先の小さなガラス製の飾り棚に、茶色の物体が鎮座している。

なんだ、これは。

近づいてまじまじと見る。

親亀の背中に子亀、子亀の背中にチビ亀。三つの亀が重なっているのだが、全身トゲトゲしている。

あっ。

全部たわしで出来ている！

すべてがたわしで出来た亀人形は、シャレと狂気の紙一重。おもしろコワイ感が突き抜けている。ゆっくり観察すると、甲羅から突き出た頭も足もすべて茶色い椰子の繊維。これ、亀の子束子を分解して作ったんじゃないだろうか。亀としての完成度が高くて、工芸品の域に達している。「表に飾りたいのはわかる！」とおおいに納得した。

はっきり覚えているのだが、あの光景を見たとき、私の脳裏に浮かんだのは「亀の子束子はやっぱりすごい」という方向違いのフレーズだった。道具としての性能はさておき、亀人形のインパクトの流れで「すごい」と言われてもね、と本人はむくれるかもしれないが、私なりの理由があった。

あの頃（十五年くらい前だと思う）、私とたわしとの関係は揺れていた。皿や鍋洗いの道具としてスポンジと亀の子束子を何十年も併用してきたし、ごぼうや里いも、れんこん……野菜の皮を洗うときにも欠かせない。頑丈、へたりがこない、歪まない、乾きが早い、握りやすい、言うことなしなのに、黒船の襲来に沸いていた。見つけたのはアメリカ製の一本で、円形のブラシに木の柄付き。これを使えば手が濡れないし、洗い心地もなかなか。いいじゃないか？　と思ったのだ。

黒船に乗り換えて二年ほど経った。我慢と辛抱を重ねたうえで、私は自分に言い聞かせた。

やっぱり戻ろう、亀の子束子に。

黒船の寿命は、一本につき、長くて半年だった。数ヶ月もすると、すり減った毛先とかヨレた表面に目をつぶって使う展開が待っており、どうも腑に落ちない。そうか、定期的な買い換えを前提に作られているんだなと気づいたとき、この船から降りようと決心が固まった。

それに引き換え、亀の子束子はすごい。たったいま使っているチビ（長さ七センチの小サイズ）は、もう三年近く鍋磨きに酷使しているが、びくともしない。S字フックでシンクの隅に吊り下げているので水切れもよく、すぐ乾く。いま振り返ると、なぜ黒船に乗ったのかなと苦笑いが出るけれど、こうして亀の子束子の威力が身に染みてわかったのだから、まいっか、である。

「日本三大発明」に数えられていると聞く。松下幸之助（ナショナル）の「二股ソケット」、石橋正二郎（ブリヂストン）のゴム底足袋、そして、西尾正左衛門考案の亀の子束子。明治期、正左衛門の妻が売れ残ったシュロ製の靴拭きマット用の棒を曲げ、掃除道具に利用しているのを見て、「イケル！」と試行錯誤を重ね、椰子の繊維を使ったたわしを完成させた。「亀の子」と名前をつけたのは、息子が飼っている亀が泳いでいる姿を見て、「似ている！」。ようやく完成させて実用新案登録をおこなったのは明治四十一年。そういえば、あの三匹の亀人形もとても人間くさかった。

誕生の背景からことごとく家族の情景が浮かぶところが亀の子束子の身上だ。

茶渋の復讐

足の爪は急に伸びる。あれ、と思うと、にょきっと伸びているのは、ふだん隠れていることが多いからだろうか。

湯呑みの茶渋も似ているところがある。

あるときお茶を淹れようと思い、湯呑みを手に取ると、うっすら内側に茶渋がこびりついている。うす汚い。底のほうに茶色い輪っかがへばりついていたり、まわりに微妙に茶色のカーテンが降りていたり。ためつすがめつすると、口縁に靴跡みたいなシミがあったりする。

自分のA面が力なくつぶやく。使ったあと水でちゃんとすすいでいるんだけどな。

B面が責める。いまさら何を言う。あんた見て見ないふりをしてきただろう。

とりあえずA面の言い訳もB面の糾弾もまちがってはいないので、押し黙るしかない。

こうなったら。しぶしぶ意地を発動し、台所のスポンジを握りしめてごしごしこすり始める。湯呑みに漂白剤を使いたくなくて、この憎いやつを退治するまで湯呑みを手放さない熱心さで挑む。

すぐ簡単に取れるだろうと思っていた（その甘い見込みがあったから、タカを括っていたのである）。ところが、うんともすんとも。動転し、スポンジをこする指先に力を入れるのだが、茶色は微動だにしない。虚脱して湯呑みを手放すと、茶渋があざ笑っている。くやしい。

衝撃がよほど大きかったのだろう。当夜、明け方にとんでもない夢を見た。

私は小さなステージに立っている。観客は十代の男女らしい。楽屋裏で着物を着ようとするのだが、着付けがうまくゆかず、とうとう時間切れになって長襦袢(じゅばん)に襟巻きを巻きつけて舞台に走り込む。そこで歌うことになっているのがザ・ブルーハーツの一曲。しかし、バンドとまったく息が合わず、最初のきっかけからしてズレまくり、空中分解。取り繕って声だけでも出そうとするのだが、手元の歌詞カードをめくってもめくっても歌いたい曲が現れない。ええと、ええと、高速でめくりながら、ああっと硬直する。この歌を一度も歌ったことがない。顔面蒼白。なにしろ夢なので、理不尽な場面の数珠繋(じゅず)ぎ。もちろん場内大ブーイング……そのあとも悲しすぎる展開が容赦なく続くのだが、悲惨過ぎて、とてもここには書けません。

何年かぶりにみた悪夢から覚めたとき、肩で荒い息をしながら涙目で直感した。この夢は茶渋のせいじゃないのか。

一刻も早く、退治してしまわなければならない。私は真剣に考えた。昨日スポンジではだめだったのだから、べつの段階に進みたい。

頭を忙しくしていたら、ふと思いついた事案があった。歯磨きチューブのペーストが使えるんじゃないか。歯に付着したポリフェノールやカテキンの成分を落とすとき歯磨きは有効なのだから、茶渋にもきっと。そういえば重曹が効くとどこかで読んだこともある。

あせっているので、いつも使っている歯ブラシにペーストをひねりだし、こすってみる。すると……ええ!?　憎い茶渋がゆっくりと消えてゆくではありませんか。

直美さんの弁当

「おべんとうの時間」と題したページ。どおんと大きな、真俯瞰で撮られた弁当の写真が掲載されているのを初めて見た十数年前のことを、今も覚えている。飛行機の座席で見たのは、それがＡＮＡの機内誌だったからだ。

衒いのない、あるがままの素の弁当。黄色い玉子焼きは見知らぬ誰かのおかずなのに、自分もこの味を知っていると思ったし、白飯に染みた佃煮の醤油の色にどきっとした。なにかの拍子に他人のお弁当を目にしたとき、理由もないのに気恥ずかしくなったり照れ臭かったりするのに、写し出された弁当の写真にはよけいな感情がこびりついておらず、しかも、作ったひとの手の動きや食べるひとの箸使いが伝わってきた。

連載は何年も長く続き、ＡＮＡに乗るたびに『翼の王国』を開いて見る弁当と食べる人物について書かれた文章を楽しみにしてきた。クレジット「文・阿部直美　写真・阿部了」。たぶんご夫婦なんだろう、いいコンビなんだなと勝手に想像するのもうれしいのだった。

その阿部直美さんの新刊『おべんとうの時間がきらいだった』（岩波書店）を読んだ。日本各地を旅しながら弁当の背景を綴ってきた本人が「きらいだった」とは穏やかではない。しかし、そもそも弁当という存在は、日常にぺたりと貼りついて、嫌いと好きのあいだで振り子みたいに揺れながら複雑な感情を孕むもの。私が弁当を学生かばんに入れたのは高校の三年間だったが、茶色い汁が漏れて教科書がおかず臭くなるたび、弁当も母も弁当の時間も恨めしかった。

直美さんの記憶をざわつかせる弁当は、冷たいカレーとご飯だけ、きんぴらごぼうと煮物だけのおかず、前日の夜、父の怒鳴り声を浴びたハンバーグの残り……「彩りを、考えてよね」と訴えても、忙しい母は馬耳東風。中身を見られたくない自分の弁当に残酷さを教えられたと書く。

「自分が背負っている家族を、小さな箱と向き合う度にいつも突きつけられる」

ハンバーグを咀嚼しながら、口のなかにじわりと広がる両親の容赦のない喧嘩。何度となく味わった苦い味から、偏屈でときどき荒れ狂った父、働き者の母の記憶が描きだされ、そっと開けた襖の間から在りし日の一家の日常を眺める。直美さんは一九七〇年生まれ。あの頃の家族は逃げ場を外に求めるより、おたがいが生傷を舐めながらぶつかり合っていた。そんな家族をむりやり振り切り、高校生のとき留学したアメリカでの夢と挫折の記憶にも向き合う。

結婚して夫のサトル君が「普通の人の弁当を撮る」と宣言したときから、二人三脚の日々が始まった。ある日、夫が作ってくれた弁当に添えられた佃煮を見て、直美さんは自分の母の弁当になかったものの正体を発見する。

「おまけ、あそび、寄り道という類いのもの。スーパーの中で、いつも行かない売り場に寄り道して佃煮を見つけ、ばあちゃんを思う、そのほんの一瞬の時間」

家族を背負った弁当、鼻歌まじりで楽しげに作られる弁当、ふたつの距離がぼろんと露わに提示され、その距離によって、直美さんを縛っていた家族の呪縛が解かれてゆく。

小さな箱のなかに詰まっている泣き笑いの感情こそが弁当の味。そんな弁当を作りたい、作ってみたい、食べたい。

Ⅱ いわしバターを自分で

コロナ禍の日々 2020-2021

２０２０年４月２日(木)　オットの出番

このお兄さんの喋りはイケている、と長年思いながら買物をしてきたが、都知事が外出を控える要請を出した翌日も、さすがだった。

地元の八百屋の軒先。段ボール箱をべりりと開けて中身のカブを棚に並べながら、誰に語るともなく大きな声で呼びかける。

「だいじょぶだよー、心配しないでねー、煽られないでねー。仕入れはいっぱいしてるから、明日もたくさんあるよー」

じわっときた。お兄さんは八百屋のベテラン店員で、店の外で仕入れの野菜を並べたり整えたり、とにかく忙しい。作業の合間に繰り出す売り文句に、いつも味がある。「大根が安いよ、大きいのがヤだったら半分に切るよー」とか「筍が入ったよ、ゆでておいたからすぐ使えるよ」とか。威勢のいい声に背中を押されるのだが、それと同じ調子で叫ぶ

「だいじょぶだよー」「煽られないでねー」が、緊張感のある毎日のなか、すとんと届く。

ピーマンやセロリを買い終えて店を出ると、また大声が聞こえてきた。

「さあ、ねぎはどうかなー。ねぎがあったらお料理なんでも作れるからねー」

商売第一。さすがだなと思いながら、耳がずっと「だいじょぶだよー」の響きに温まっていた。

つい最近、仕事仲間の男性三人からおなじ科白を聞いた。

「ツマの機嫌が悪いんですよ」

あ、ああ〜。わかる気がする。仕事と子育てを必死でこなして日常を回していたのに、休校やらテレワークやら時差通勤やら昼ご飯やら、生活のサイクルがガタガタなのだから、機嫌なんか二の次だ。

オットのみなさん、出番です。

八百屋で「だいじょぶだよー」と聞けば心なごむが、家で「だいじょぶだよー」と言われても口だけじゃ、ね。とはいえ、料理が得意じゃないオットもおられよう。急に張り切って台所をぐちゃぐちゃにされると、大きな声では言いにくいが迷惑、これもツマの本音。とはいえ、おたがい硬直したままでもね、という話である。

アジの下処理なんかどうですか。

いまドーンと引きましたね。

でも、私は本気です。

魚の下ごしらえなんか興味がない、地味過ぎる、料理一品つくるほうが点数を稼げるだろう？……ええまぁそうかもしれないが、行き慣れない魚屋に足を踏み入れて限界突破してみるのも一興。四月二日現在、生鮮食品は潤沢にある。なにより、生モノに触れると気が落ち着く。

アジの手開きは、包丁を使うよりずっと簡単。一尾ものの数分、あっけないほどすぐ上達する。手本はYouTubeを探そう（見たら絶対やりたくなる。工作の感覚です）。買ってきたピンピンの光るアジを、自分の手でうまい食材にする満足感は在宅ワークのおまけ。これを、目下の状況からこぼれ落ちた贈り物と考えてみたい。親がおもしろがれば、子も楽しい。

オットから、あとは料理するだけの新鮮なアジを差し出されたら、もうそれだけでツマの目尻は下がる（はず）。私なら、その冒険心とサポート精神にうるうるします。生姜醬油で刺身、甘辛の蒲焼き、塩こしょうして焼く、アジフライ、冷凍ＯＫ。もし（以下、心の声）……その気に……なったら……どうぞ料理に突入……。いや、おたがいに多くを求めるのは、不機嫌の始まり。

もちろん、アジはほんの一例に過ぎません。イカでもタコでも豆腐でも、攻めやすいところから！

4月7日(火)　ホタルイカの理不尽

ホタルイカを買いに行った。

春先にお目見えするホタルイカといえば、富山湾のちょっと幻想的な風景を思い浮かべるのも毎年ちょうどこの時期である。

ホタルイカ漁は、真夜中に出港する。船のへりに漁師たちが横並びになって定置網をいっせいに引き揚げると、ぴちぴちのホタルイカがびっしり。海上の暗闇のなか、光線が入り混じるみたいにホタルイカがぴかーっと発光するさまを捉えた写真を、ずっと忘れられないでいる。あの小さな生物がとても神秘的な存在に思われて惹きつけられるのだが、ホタルイカが発光するのは、外敵に強い光を浴びせて逃げるためらしい。光を出して自分の体の影を消し、背景に溶けこんで姿をくらますという奇襲作戦。あの小さなホタルイカと奇抜な一手がアンバランスで、海の謎がさらに深まったりもする。

この春は富山湾の水温が去年より高く、ホタルイカも豊漁らしい。よかったなあ富山湾、と日本海を思い浮かべながら、いっぺんホタルイカの姿を脳裏に描くとたまらず……そんなわけで、銀行と郵便局と文房具店で用事をすませたあと、帰り道にあるデパ地下に向かった。

うわあ、これは。

エレベーターで降りて地下の食品売り場に行くと、まだ昼前なのに買い物客でごった返している。似た光景をいつか見たなと思ったら大晦日だったが、年の瀬でも午前中にこんな大混雑はなかった。

夕方、緊急事態宣言が発出されると報道された当日。人混みに怖じ気づいて引き返そうかと思ったが、ホタルイカの顔だけでも見ようという気になり、鮮魚売り場に回った。すると、桜色のホタルイカがたくさん揃っており、近くに置かれた大粒のかきのパックにも手が伸びた。

レジに向かうと、また「あっ」と声が出た。凄まじい行列。手に手に超満杯のカゴを提げた客（高齢の男女が多い）の列が、各レジからタコ足配線みたいに長々と伸びる状況はソーシャル・ディスタンスもへったくれもない。混雑整理に出張ってきたらしい売り場責任者ふうのスーツ姿の男性が、列のあいだを巡回しながら「カゴをお持ちしましょうか」などと声を掛けているのだが、配慮が必要なのはそこじゃない。

ホタルイカとかきを買うためだけに並ぶ行為に後ろめたさがあったが、カゴの中身が少ない客が多く、もっとも短かいセルフ詰め用の列を探して最後尾についた。

十分ほど待って自分の番が近づき、ようやくレジが見えてきたとき、はっとさせられた。七つか八つのレジすべて、女性ひとりが懸命に対応しているではないか。事態の展開を読み違え、平日午前中の人員配置のままなのだろう。しかし、いくらベテランのレジ係だとしても、過酷すぎる。家族四人が一週間は籠城できそうな箱買いの食料の山を、休みもなしにさばき続ける姿。混乱する社会の最前線に立つ方々がここにもおられる。

私の番が来た。ホタルイカのパックを取ったレジ係の女性の手に視線が吸い寄せられたのは、指の先に赤い擦過の線が見えたからだった。申し訳なさとともに、こんなの間違っているという理不尽な思いがせり上がってきた。自粛という大義名分を盾にして、しわ寄せを作ってしまっている。

春のホタルイカはやっぱりおいしかったけれど、いつにも増して苦く重い味だった。

4月10日(金)　本日の気晴らし

巣ごもりの成果をひとつ報告したい――ポジティブな気持ちを自力生産しないと、どうもやってられない(緊急経済対策として、現金や商品券を支給、外食や旅行代金の一部を国が助成する方針というのだが、狂気の沙汰。外出を控えて渡航制限の日々に、外食したり旅行したらお金出します、って意味不明。至急支えるなら、消費する側じゃないだろう)。

あ、と閃(ひらめ)いたのである。

ふきのとうを春巻きにしたらどうだろう。

発想のおおもとは単純だ。あの芳しい香りや苦みをみじんも外に逃がさない貪欲さにおいて申し分ないはず。ほら、揚げたての春巻きにかぶりつくと、口のなかを火傷するでしょう？　ぱりぱりの皮を嚙んだら、鉄砲みたいに熱いのが飛び出す。口に入れた瞬間まで中身が空気に触れることは一切ないのだから、完璧な調理法だ。

いやだ、あんな面倒なもの。

その反応も当然だと思う。

春巻きという食べ物には、「面倒くさい」「むずかしい」というイメージがある。中身を作らなきゃならない、包まなきゃならない、揚げなきゃならない……ああ鬱陶しい、食べたきゃ店で食べるからべつにいいよ、と。

でも。中身を生のまま包むだけ、油は小さな鍋に一、二センチでＯＫ、これならどうでしょう。

スーパーに行ってふきのとうと春巻きの皮を買い、魚コーナーへ向かった。あれこれ迷いつつ、白羽の矢を立てたのは帆立の貝柱である。ふきのとうの持ち味をじゃませず、それなりの一体感も出してくれそうな気がして。

さあ、作ってみましょう。

①生のままのふきのとうをざくっと四分の一に刻む。

②生の貝柱を四つに切る。
③春巻きの皮を広げ、味噌（味噌汁に使う味噌を流用）を長さ十センチくらい、指で塗りつける。
④味噌ラインの上にふきのとう、貝柱を置き、くるくる包む。端を水で溶いた小麦粉を塗って止める。
⑤鍋にサラダ油を一、二センチ注ぎ、中火で片面ずつこんがり揚げる。

十五分もあれば、もうそれで。

ふきのとうを刻んでから熱々にかぶりつくまで、あっというまです。ひさしぶりに揚げ物欲が満たされるのもうれしく、揚げているときにビールをプシュ！と抜き、フライングしてにやり。

自画自賛を繰り広げるのもアレなので、「ぜひお試しください」としか申しません。でも、ぜひ。早い・簡単・失敗なし、三拍子揃ったおかずであり、酒の肴でもある。きつね色の食べ物って、つねにうまい。

やっぱりナ、と思ったことがある。

春巻きは、天ぷらよりずーーっとハードルが低い。皮は必ずカリッと揚がるし、筒という密閉空間のなかで、すばやく中身に火を通す。包む行為につきまとうお遊び感覚は、巣ごもり期間のいい気晴らし。

数日後、タラの芽とタラ（魚です）を買ってきて、また春巻きに走ったことも報告しておきたい。

4月15日(水)　いにしえのミルキー

小中学校が一斉休校になり、全国あちこちで給食用の食材の行き場に困っているという。まずは牛乳消費だと思い、グラタンかな、チャウダーかな、牛乳寒天かな……前のめりになったところへ〝蘇が話題になっている〟と知り、おお！と膝を叩いた。牛乳の大量消費の手段として、間違いなく最強だ。

蘇は古代の日本で作られていた乳製品で、乳を煎じて濃縮・乾燥させた日本版チーズのようなもの。貴族階級のあいだで珍重され、神饌や薬としても使われた。いにしえの蘇が、遥か千数百年を超えて平安と令和を繋ぐってすごいぞ？　私にとっては、確定申告の期日が四月に延びた、蘇が甦った、このふたつだけヨカッタ。

牛乳の大量消費として最強だと断言できるのは、二十年近く前、牛乳を煮詰めてみたことがあるからだ。モンゴルで山羊や羊などの乳から作った極硬チーズ、アーロールと似たものをこしらえてみたいと思ったのが、その動機だった。でも、生の乳じゃないからうまくいかなかったし、手間ひまにも泣いた。試しに二カップほどの牛乳を鍋で煮詰めて出来たのはキャラメル二個くらいで、呆然とした記憶がある。ミルキーな味は好きだったけれど、モンゴルで食べたのみたいに乾きもせず、蘇は奈良で何度か食べて大好きだったけれど、また自分で牛乳を煮詰めてみようなんて考えもしなかった。

しかし、ときは来た。こんな巡り合わせがあるのかと苦笑いしたが、早く作ってみたい。

あとさき考えず、夜九時。

帰宅するなり牛乳一リットルをテフロン加工のフライパンにどど〜と注ぎ、中火にかける。ふつふつ煮えてきたら木べらで混ぜるのだが、まあ時間も労力もハンパではない。どうせなら、とワインを飲みながら行うことにしたのだが、十時を回っても半量も煮詰まらない。仕事の疲れも浮上してきてイラッとするのだが、走る列車から降りるわけにもゆかず。深夜の台所で、牛乳の優しい匂いに慰めをもとめる。

事態が大きく動いたのは十一時近く。縁(ふち)にへばりつく白いモロモロをなかに戻しながら、疲労困憊と面白さの両方をこめて木べらを動かしていると、やや、もったりとした固まりが出現したではありませんか。やっとここまできて、焦げたら台無し。弱火に落とし、注意深く攻めてみると、木綿豆腐半丁ぶんになった。端っこをすくって舌にのせると、コンデンスミルクのくどさを除いて純朴にした感じ。なぜか柔らかな牧草を思い出す。

完成でいいのかな？

バットにラップを広げ、粗熱を取った塊を移して麺棒で薄くのしたのを冷蔵庫にしまい終えると、時計の針は十二時を回っていた。一刻も早く寝たい。

翌朝、冷蔵庫に直行した。

ほどよく固まった蘇（いちおう蘇と呼ばせてください）を、包丁でダイスに切る。柔らかなキャラメルみたいなそれを食べてみると、「♪ミルキーはママの味」と歌いたくなる優しい優しい風味。牛乳の奥まったところに宿る濃い愛情にほだされる。平安時代の貴族の贅沢品だったんだなと思うとありがたさは上昇するのだが、千年以上経っているのでもう少しバージョンアップしたく、蜂蜜をかけてみると上等なミルクケーキになった。

4月20日(月)　それぞれのしぶとさ

ふらりと訪ねて扉を開けると、いつもと変わらない空気がそこにあって、温かな料理やグラスが笑顔とともに目の前に置かれたありがたさを、いま強烈な喪失感とともに嚙みしめている。

小池都知事が休業要請の対象一覧を発表した四月十日、「食事提供施設」には午前五時〜午後八時の短縮営業を要請（宅配・テイクアウトサービスは除く）。「酒類の提供は午後七時まで」とするのだが、七時だの八時だの中途半端な数字は、ようするに経済をめぐる都と国との妥協地点なんだなと思うと、イラッとする。

はっきり「休業しろ」と言わず、〃あとは自分たちで決めて下さい〃とまかせ、しかも良心に問いかけるのは酷というものだ。行政の援助を受けるにしても、複雑だし、煩雑だし、そもそも焼け石に水。

街のあちこちから苦しい声が聞こえてきて、せつない。私が暮らす街は個人商店の集合体みたいなところだから、細い路地一本、それぞれの職種、事情、考え方……さんざん悩んだ末の決断がリアルに伝わってきて、街全体がぴんと緊張している。

休業を決めた店には貼り紙が掲示してあるのだが、行間から苦渋や悔しさが伝わってくる。

「現在以上の感染拡大や医療崩壊は、今後の我々自身の首を絞める事と思います。お客様には、本当にご迷惑をおかけしますが、当店は今しばらく自粛を続けます。はつね」

「営業を自粛してから一週間が経ちました。休業している間、時間だけはあります。営業しながらだとなかなか手をつけることが出来なかった棚の整理や掃除、不要な食器などの選別など、細々とした仕事を余裕を持って丁寧に出来る様になりました。お客様に不便を強いておいて本当に申し訳なく思っていますが、今はそんなことが店を良くしていくには必要なのだと考えています。

一方、10日、東京都知事が休業を要請する対象施設を公表し、居酒屋は午後8時までの営業時間の短縮を要請されました。その対応について新聞に掲載されていた専門家の意見を紹介します。

(新聞記事の切り抜き貼付)

この指摘を支持し営業自粛を続けます。　酒蔵千鳥」

記事には、「政府が経済面でのバランスを取ろうとして妥協の産物になった」とある。つまり、混雑が避けられない居酒屋として感染防止に協力するという店主の意志の表明。感謝がせり上がってきて、路上で胸が熱くなる。再びシャッターが上がったら、そのときは必ず来ます。

いっぽう、夜の営業を止め、ランチボックスのテイクアウトに舵を切った料理店も多い。初めてツイッターを発信して日替わりメニューをアナウンスする機転が頼もしく、もちろん、私も買いに行く。「支える」なんていうおこがましい気持ちはない。ずっと楽しい時間をもらってきたから、いつもの味に触れるとうれしいし、料理人の働く姿に励まされるし応援したい。

自分の国の首相のあれこれに恥ずかしさと怒りを覚え、遠く離れたメルケル首相の言葉に心を寄せる理不尽に憤然としながら、まずは生き抜かなければと気を取り直す。店を閉めて社会に貢献するのも、しぶとく商うのも、それぞれが生きてゆく道。ハンドメイドの洋服店の店頭には、「布製のマスク作りました。カーテンが閉まっていてもノックしてください」という貼り紙が登場した。

5月1日(金)　わさび田の声

「焼鳥屋さん、鮨屋さん、和食の料理屋さん……長く取り引きがある全国のお店からの注文がぴたっと止まりました。自主休業や営業時間の短縮など、みなさん、苦渋の選択をなさったのだなと思います」

伊豆半島の南、下田市の山中でわさび農家を営む「まるとうわさび」の飯田智哉さんが言う。手塩にかけたわさびが育った、さあ収穫だと腕まくりするさなか、どこからも注文が入らなくなった。

飯田さんは淡々とした口調で話すのだけれど、やはり電話の向こうから動揺が伝わってくる。政府が緊急事態宣言を出すのに二の足を踏んでいると世間が察知したあたりから注文が減り始め、さらにがくんと減ったのは四月七日の緊急事態宣言の二日ほど前。それまで様子をみながら注文に応じて各地の取り引き先に発送していたけれど、ばたばたと自主休業が決まり、注文の電話もファクスもぴたりとなくなったという。

店が休業すれば、仕入れも止まる。つまり、産地との取り引きが滞るということ。それを〝経済活動がストップ〟とひと括りにすれば、百の産地が抱える百通りの事情や状況がザルの網目からこぼれ落ちてしまう。表向きは派手ではなくても、痛みを抱える産地や産物は枚挙にいとまがないと思うのだ。

だから、これまで何度か訪れたことのある「まるとうわさび」のことが気になった。日本の食文化を支える名脇役のひとつが、わさび。あのつーんとくる清々しい辛みがあってこそ、鮨がうまい。焼鳥にしてもそばにしても、チョイとわさびがあるとないでは別もの。わさびがなければ成立しない日本の味がたくさんある。それらの味を手がける店が、飯田さんの取り引き先だ。

「米や野菜、肉、魚は生きていくうえで必要なものだけれど、わさびはそうじゃない。その意味で特殊な存在だから、優先順位があとになるのはいたしかたのないこと。ただ、わさびは日本独自の貴重な文化でもありますから……」

親子代々四代目のわさび農家として、べつの懸念もある。

「わさび農家にはお年寄りも多いのです。先行きに希望が見えないのなら、後継者もいないし、辞めてしまおうと考える方も出てくる。去年の台風の土砂災害でみんな苦労していますし、今年は気を取り直してやっていこうというとき、追い打ちがかかってしまった」

伊豆の山中、沢の地形に沿って段々に続くわさび田の緑の風景は、それは美しい。斜面の勾配を巧みに生かしたわさび田一枚一枚は、親から伝えられた技術のあれこれ、あるいは自然環境と格闘してきた意地と執念のしるし。わさびの根が張る地面には、選別した大小の石や砂を重ねて設計してある。土地に合う種づくり、種蒔きの時期、一本ずつおこなう苗の手植え、雨量に応じた水量の管理、収穫のタイミング……一年中、気が抜けない。わさび農家の仕事の複雑さがすぐには飲みこめず、嚙んで含めるように何度も説明してもらったことを思い出す。一本のわさびには、自然の循環を見通す知恵が詰まっていることを、そのとき初めて知った。

「この状況下であせっても仕方がないので、わさび田の面積を少し減らしていいものを育てようと思っています」と前向きに語る飯田さんの声に、むしろこちらが励まされる。とはいえ、わさびはすくすくと育っている。これまで業務用の出荷がほとんどだったけれど、むだにしたくないので、家庭用の注文にも応じて発送します、と元気な声が頼もしい。

5月15日(金)　クアトロの法則

四月も五月もずーっと家にいる。正確にいえば、家と仕事場（家から徒歩五分）を往復するだけの生活をしているので、台所の滞在時間もそれなりに長い。そうしたら、むくむくとふくらんできたのが、冷蔵庫の中身を一度さっぱりと使い果たしたい、初期化してみたいという欲望。″クアトロの法則″を導入したのは、そんなわけだった。

クアトロ・フォルマッジ、つまり四種類のチーズを生地にのせて焼くピッツァは、種類が違うチーズをたっぷりのせて焼く。たとえばモッツァレラ、ゴルゴンゾーラ、グラナパダーノ、パルミジャーノ、グリュイエール……とくに組み合わせに決まりがあるわけではないし、ようするに違う種類のチーズが混じればいいのだが、うまさは四倍。この夢見心地の一品が生まれた発端は、中途半端に残ったチーズの余りをきれいさっぱり片づけるためだったんじゃないかな。

クアトロの意味を都合よく自分に引き寄せ、拡大解釈をすることにした。すると、「細かい数なんか気にするな、自分の都合に合わせてやればいい」領域が開けるので、とても気が楽だ。冷蔵庫のすみで硬い石鹼になったチーズを包丁で削って新しいのと混ぜると、新旧取り混ざってうまさに転じる。これ、本当です。オムレツとか、チーズトーストとか、じゃがいも炒めとか。

こないだ、冷蔵庫の奥のほうに納豆が一パックだけ余っていた。納豆の消費期限はそもそも気にしないから、多めに買うと、ときどき残って粒が縮こまってカピカピに近づくことがある（兵糧食みたいな凝縮感が好きだ）。

さあ、そこで持ち出すのが〝クアトロの法則〟です。買い足してきた新しいのと古いの、新旧を合わせて器にざばっと入れ、ちぎった梅干し、海苔、ごまなどを適当に入れてぐるぐる強気でかき混ぜる。

これがかなりうまい。不思議なもので、柔らかい納豆もいいけど、硬軟取り混ぜたこっちもね、という寛容な気持ちが生まれる。ときどき歯と歯のあいだでガッッときて、緩急が生まれるのも〝クアトロの法則〟のすてきなところ。

5月18日(月)　テイクアウト事情

「おれは絶対テイクアウトはやらない」と頑なに言い続けていたイタリア料理のシェフが一転、「やる。やることにした」。

「絶対やらない」と言っていたときから、たぶん気持ちは揺れているんだろう、むずかしい選択を迫られているんだなと私なりに胸中を察していた。

そもそも自分の店をオープンキッチンのスタイルにしたのはお客の様子が見通せるからで、食事の進み具合を確認しながら次の料理を出すタイミングのよさが彼の店の魅力でもあった。タイミングを見はからって供するのがプロの仕事だと肝に銘じてきたから、料理を持ち帰ってもらうタイムラグにどうしても抵抗感が拭い切れなかったのだ。でも、お客がいない、来ない。「このまま手をこまねいていたら野垂れ死ぬ。おれは料理人なんだから、やれることをやらなきゃだめだ。そう思ったら吹っ切れた」。彼の本音は、多くのシェフの本音でもあるだろうと思う。

テイクアウトという方法を講じて、コロナ禍の状況を乗り越えようとする店が懸命に踏ん張っている。四月九日、国税庁が告知した「期限付酒類小売業免許」を申請すれば在庫の酒類を売れるようになり、さっそく蔵出しのワインや日本酒を販売しているビストロや小料理屋もあるし、とにかく「売れるものは売って現金に換える」、これが最優先だ。買いに行くお客の側にも、持ちこたえてくれ、応援するぞという気持ちがある。ただ、まだ手探りの慣れない営業方法だから、思わぬところで軋轢が生じていたりもする。

ある和食の料理屋で、夕方からの営業を止め、昼間にテイクアウトの松花堂弁当を売ることにしたのだが、これが評判を呼んで店の外に行列ができるようになった。とりあえず夫婦ふたりの当面の生活費と家賃を確保しながら営業自粛に協力するつもりだったのに、はっと気づくと、店の外に順番待ちのお客の行列。あわてた。自分たちが感染拡大の片棒を担ぐことになるかもしれないと思うと、にわかに怖くなり、「我ながら上出来」だった松花堂弁当は二重の自粛。一週めに単品料理の組み合わせに切り替えたら、行列は消えた。

「うちを忘れないでほしいと思って始めたテイクアウトだったんですけど、むずかしいもんですね」

勉強になりました、と女将さんが小さなため息をついていた。

一軒ずつの事情と状況がある。

整理券を作ったり、予約注文に絞ったり、スムーズに受け渡せるよう工夫する店も出てきたけれど、一概にそうもいかない。ワンオペだから仕込みだけで精一杯、注文の電話にも出にくい店。営業時間の短縮分を補うためにランチタイムの弁当を軒先で始めた隣同士が客の奪い合いみたいになって、おたがいになんとなく気まずくなった店。週末にとつぜん予想外のお客が押しかけ、仕込みが破綻した店。写真と激賞コメントを載せたSNSが拡散されたから、というのがその理由だった。「今までならありがたかったのですが、容器の数の準備とか上手な詰め方とか、原価計算もじゅうぶんに把握できてなくて」。テイクアウト用の資材の仕入れ値も意外に高く、でも持ち帰りだから価格は下げなきゃならない。五月に入ってからの収支計算が不安なんです、と。

小さな店であればあるほど、舵取りの方向転換と現実のすり合わせに苦労している。そこをお客の想像力でカバーできたら、と思う。

5月22日(金)　無観客ライブ

東京・学芸大学「APIA40」でのライブが中止になって落胆していたら、予定時刻に無観客で配信されるという。わあ、夢みたい。いそいそコンピュータを立ち上げ、画面の前に正座して待ったのは五月八日の夜だった。

「スペシャルライブ1970→2020特別編『友川カズキ×知久寿焼(ちくとしあき) 無観客配信ライブ』。YouTubeでの公開で、配信観覧料一口二千円（「友川さんからのリクエストにより配信観覧料を一口3000円から一口2000円に変更いたしました」と説明書きがあり、すでに胸アツ）。

無観客の生中継は、春場所の大相撲をTVで観たとき一種独特の迫力に驚いたのだが、無観客ライブってどんな感じなんだろう。〝三密〟がライブの魅力だし、と微妙な気持ちもチラついていたのだが、いざスタートしたら、すとんと一体感を覚えていた。

知久さんの、怖さみしい歌声の透明感。久しぶりに聴く「電車かもしれない」「セシウムと少女」「らんちう」……脳天をすーっと突き抜ける全十二曲。友川さんが登場すると、やや、話が止まりません。この状況下、腹のなかに溜まった怒りや不信や疑念を舌鋒鋭く語る、語る、こっちも胸がすく。待ち侘びた歌にも聴き惚れ、「青いアイスピック」「一人ぼっちは絵描きになる」「ピストル」……今夜現在の友川さんのキレと地鳴りを共有した。アンコール曲は「生きてるって言ってみろ」。

無観客ライブ配信という挑戦に感じ入った。コロナ禍が強いる休業に屈せず、可能な手立てを探るミュージシャン、スタッフ、ライブハウスの底力。照明やカメラワークにも本気をみた。「生きてるって言ってみろ」ってこういうことだと思いながら。

唯々諾々（いいだくだく）と「巣ごもり」していられるかという気持ちになり、初LINEビデオ通話の食事会を催してみた。「初めてのおつかい」と同じで、なにかこう右足と右手をいっしょに出すようなぎこちなさ満載なのだが、相手は娘夫婦だから、まあなんとか面白いんじゃないか。

午後七時半過ぎ。家の食卓に携帯電話を立てる（ときどきズレて倒れる）と、左右二分割の画面に映し出される二種の食卓風景。あっちとこっちでそれぞれ食事をしながら四人の声が飛び交うのだが、動画というより、ただの状況説明画像。

「そっちで食べてるの、なに」

（これです、と玉ねぎのマリネの皿を画面に急接近）

「こっちは焼いたラム肉」

（ほれ、と画面に近づけて対抗）

慣れてないから、ぎくしゃくどたばた。とはいえ、同時性というんですか、そのうち映像と声が密度を生み、あっちとこっちで夕食を食べながら世間話に興じるのが楽しい。

「じゃ、そろそろお皿片づけまーす」

「うちも」

据え置いたままの携帯電話の画面がカラになる。切る前に「おやすみ〜」と手を振り合い、初めてのLINE食事会は一時間半ほどでお開きになった。そのうちまたやってみよう。わざわざお上に言われなくても、「新しい日常」はみんな勝手に毎日更新している。

APIAの無観客ライブ配信は、週末の三日間、YouTubeで公開されたので、何度か繰り返し観た、聴いた。売り上げはアーティストの出演料と会場費、ライブハウスの存続基金に当てられるというので、よしきた！　またポチリ。「追い課金」（これも初めて知った言葉だ）に走った。

5月28日(木)　アルコール問題

家の冷凍庫に、お宝のように眠っている酒瓶が一本ある。スピリタス。正確には夏みかん風味のスピリタス。去年、無農薬の夏みかんを知人から一個もらい、皮を捨てるのが惜しくて細く切り、そのままボトルのなかに漬けて柑橘風味の酒を作ってみた。

そのときはジンとウォッカ一本ずつ買った。ジンはボンベイ・サファイアの小瓶、ウォッカはスピリタス。

近所の酒屋でスピリタスを買ったときの、レジでの会話。

「気をつけてくださいよ、スピリタスのアルコール度数九六度ですよ。数年前だったか、車のなかでこれを飲んでたひとが煙草に火を点けたら、爆発して大変なことになったっていうニュースがありましたよね」

「えー本当ですか、笑えない話ですねえ。でも大丈夫、ちゃんと火の気のない台所で果実酒を作るんだから」

ポーランドの醸造所「ポルモス・ワルシャワ」のスピリタスはライ麦を主体にして穀物で作る精製スピリッツで、「世界最凶の酒」なんて呼ばれている。七十回以上も蒸留を繰り返して作るから、九六度の凄まじい度数になるらしい（ボンベイ・サファイアは四七度。たしかに最凶だ）。ポーランドの家庭では、薬草やフルーツを漬けこんで寝かせ、手軽に果実酒を楽しむと知って以来、ときどき使ってきた。なにしろ「火気厳禁」、最凶のアルコール度数だから、ホワイトリカーよりフルーツの色が鮮やかに出るし、雑味のない風味に仕上がる。グラスに少し注いで冷たい炭酸水で割ると、かなりうまい。

しかし、いまスピリタスは世界中で売り切れ状態だという。こんなところにもコロナの魔の手が。

消毒用アルコールの需要が多すぎて入手できず、アルコール度数の高い酒が代用できるという触れ込みで、スピリタスに白羽の矢が立った。ポーランドでは消毒用に使われる場合があるというのも、事態に拍車をかけたのかもしれない。私にしても、消毒用アルコールがどこにも売っていないと気づいたとき、（いよいよ酒屋のスピリタスの出番かな）と頭を掠めたクチである。

でも、よーく考えると、あれ？　と思う。九六％の激しいアルコール度数はあっというまに揮発するだろうし、微量の糖分も入っているから消毒には不向きなんじゃないか。そもそも「火気厳禁」の危険物なのだから、薄めるにしても、日用品としてはちょっと怖い……もやもやしていたら、「スピリタスは消毒用には不向き」という記事や発言に接して溜飲を下げた。大量に噴霧したりすれば、気化して室内に充満することがあるから危険です、と酒造会社のアドバイスを読んでうわっとなる。

いっぽう、いま全国の酒造会社が取り組んでいる試みがある。四月、厚生労働省が六〇％台の高濃度エタノールを除菌や消毒液の代替として認めたことを受け、「アルコールなら任せておけ」「役に立ちたい」と、新旧の酒造会社が度数を調整して製造を始めた。まずはそれぞれの地元の市民や学校、医療機関を優先して販売されたようだが、この状況下、こんな形での社会貢献があるんだなと思うと胸が熱くなる。黙って高い酒を売るより、自分たちが動いて助けられること。きっと儲けは二の次なんだろう。つい数日前、私が近所の酒屋で買ったのはアルコール度数七三%、福岡の酒造会社製。この数ヶ月でようやく買えた消毒用アルコールだ。冷凍庫のスピリタスはちびちび飲みたい。

6月2日(火)　どっちなの？

昨夜。六月一日午後八時、全国約二百ヶ所でいっせいに花火が打ち上がった。花火業者の有志が新型コロナウイルスの収束を願って行う疫病退散祈願のプロジェクト。意気に感じ入って窓から身を乗り出してみたが、私の家からは見えない。それでも、小雨模様の夜空から清いものがあまねく降り注ぐかのようだった。

家で食事をするとき、テーブルをはさんで対角に座るのが癖になった。身内の話で恐縮ですが、いまだに腑に落ちない二週間の置き土産だ。

五月中旬、連れ合いが急に発熱した。朝、「あれ、ちょっと熱っぽいかな」と言っていたのが、夜になって三七度後半に上がり、翌朝は三八度を超えた。赤い顔をして息を荒くしながら「どうも風邪とは違う気がする」。

無言でしばらく顔を見合わせた。

え。まさか。

目の前が白くなって脳裏を横切った。「感染したか⁉」。熱で口内が腫れているから、味覚の異常症状があるような、ないような。とくに外にも出ておらず、冷えたり体調を崩した自覚もなく、原因不明。

万が一を想定すると、病院に駆け込んじゃいけない、まず電話で医者に相談してから動こうと話しながら、嫌な汗が背中をつたった。

そうかもしれない。そうじゃないかもしれない。宙吊り。しかし、可能性がある以上、隔離以外に選択肢はない。

家のなかでの自己隔離の不自由さ、大変さは想像を超えていた。本人は自分の部屋から一歩も出ず、私が作った食事をドアの外に置き、食べ終わったら食器を外へ出す。動線は分け、同じ家のなかにいても顔を合わさない。洗面所もトイレも順番制、触れた場所はいちいち殺菌、とうぜんマスク生活。ささいな日常の細部が一転、がらりと非日常に変わる違和感と抑圧感は予想を超えていた。

三八度台のまま三日目の朝が来た。医者の指示は「自宅待機」。ＰＣＲ検査をさせてくれと頼むと、似た症状の患者の検査を保健所に依頼したら、返事は「ノー」。とにかく保健所は検査をさせない方針だと聞いて絶句した。すでに一週間前の五月八日、厚労省は、れいの受診の目安〝三七・五度以上が四日間〟を削除し、早期受診に切り替えたとアナウンスしているのに、現場ではこのありさま。ちょうど東京都内の感染者数が連日五人に下がったタイミングだったが、当事者が検査したいと頼んでも拒むのだから、発表される数字には根拠がないことがよーくわかった。

四日目、少し熱が下がり始めた。でも、感染していたら急変する場合もあるから気は緩めないようにと言われ、隔離生活を続けながら、体温計の表示に一喜一憂。私も、家からほとんど出ずに自主隔離。そんな毎日に馴れたような、疲れたような、麻痺していたような。

十日目、三六度台に下がって五日が経った。もう大丈夫でしょうと医者に言われ、晴れてシャバに出ると太陽のまぶしさが目に染みた。

けっきょく事実はわからないままだ。どっちだったんだろう（いずれ抗体検査は受けてみたい）。私の知り合いに、四〇度の熱が続いても来院を拒まれた感染者がいる。看病していた無症状のお母さんが、結局感染を媒介した。似たような例はきっと無数にあるのだろう。

こんなずさんな現実を「一致団結」「空前絶後」「日本モデルの力を示した」などと言葉をすり替えられては、かなわない。六月になっても続行中の食卓の対角座りに、ため息と苦笑いがでる。

6月23日(火)　せめて気晴らし

咳をしても一人
尾崎放哉の句なのだが、コロナの奴のせいで「咳をすると一人」と自動変換してしまう。

おととい、電車に乗っていたときごく小さなくしゃみをしたら（ハンカチで顔の半分をカバーして、下を向いてくしゅんとやった）、隣の席の女性がイヤ〜な顔をして、ほかの席に逃げていってしまいました。急にムズムズッときたのだが、マスクをつけておくべきだったか。でも、そのマスクがどこにも売っておらず……。

いけないいけない。うっかり気持ちが暗めの方向へ向かうと、コロナの奴の思うツボ。よく食べて、よく寝て、よく笑う。まずはこの方針でいかなきゃなと用心していたら、なぜか、以前から試したいと思いつつ後回しになっていた案件が浮上した。会合やら食事の約束やら展覧会やら、たて続けに中止で外に出る機会がめっきり減っているので、こんなときこそ。

凍りこんにゃくを作ってみたい。

雑誌だったか新聞か、どこかでチラッと読み囓ったのを覚えていた。こんにゃくを凍らせて水分を除くと、弾力が変化してかなり面白いモノになるらしく、ずーっと気になっていたのだが、あの厚いこんにゃくをわざわざ凍らせる手間ひまを敬遠していた。茨城の郷土食「凍みこんにゃく」も思い出す。薄く切ったこんにゃくを田畑に敷いた藁の上に並べ、何週間もかけて寒暖の差を利用しながら凍らせたり解かしたりを繰り返すうち、カサカサの段ボール片みたいになる。こうして作った凍みこんにゃくの煮染めは、かつてハレの日のご馳走として食べられていた。

似たモノができるのか、気晴らしに試してみたいという気分が浮上した。

うろ覚えのまま、こんにゃくをまな板に横たわらせ、フォークを逆手に握ってブスリ。深く差し込んだまま、ズズズーと線を引く。遠慮なくグサグサやっていると、かなり面白くなってきて裏側も同じようにズズズー、グサグサ、気のすむまで。

蛇腹といえば聞こえはいいけれど、かろうじて繋がったさまが無残だ。

次へ進む。

■ラップで包んで冷凍庫へひと晩。

■がっちりと凍ったのを解凍する。

■水分を搾る。

■またラップして冷凍庫へひと晩。

■解凍し、水分を搾る。

しだいにボロ布に変わってゆくこんにゃく。笑っていいのか、動揺したほうがいいのかわからないのだが、でも、こんなこんにゃくを見たことがなく、まあ「進歩」しているのかな?とも思う。落としどころがわからないので、二回凍らせ、かなり水分が抜けたところで満足することにした。

やっぱり煮染めかな。厚揚げ、にんじん、ごぼうといっしょに煮てみると、水分が抜けたこんにゃくは、未知の味。茨城の凍みこんにゃくの羽のような軽さにはとうてい及ばないけれど、禅味といえばいいのでしょうか、なにかを超越している。

凍ったり、解けたり、搾ったり、ゆるやかな時間のなかで削ぎ落とされていったのは煩悩なのかもしれない……などと強引な意味づけをしながら、一枚のこんにゃくの行く末を見届けた。

7月1日(水) 料理と政治

「がむがむがむ!」

路上の向こうから絶叫が聞こえてきた。おっかぶせて「うわーん、ぎゃおーん」の泣き声。

よく見ると、七、八メートル先の路地の曲がり角で幼稚園帽をかぶった男の子が這いつくばり、両手をついて嗚咽(おえつ)している。その隣に若いお母さんが立って、困り顔。「がむがむ」って何だろうと思いながら歩いていると、また絶叫。

「がむ買ってよう、がむが食べたいんだよう、がむがむがむ！」

そうか、ボクがたったいま、全身全霊で食べたいのはガムなんだね！

可愛くて、おかしくて、通りすがりにプッと噴き出したのだが、こういうときマスクをしていると便利ですね。にやにや笑ってもわからない。

通り過ぎたあと、猛烈にうらやましくなった。あたり構わず、涙ながらに欲望を訴える姿が純だったから。

私も、身をよじって訴えたい喪失感がある。

試食販売だ。

デパ地下や大手のスーパーマーケットなどの一角でおこなわれる、試食のススメ。おばさんに（たまにおじさんの場合もある）、小指の先ほどに切ったさつま揚げとかソーセージとか、絶妙のタイミングで差し出されると、つい。

コロナ禍の状況下、試食販売が姿を消してしまった。もちろん感染予防としてまっとうな衛生対策なのだが、もったいないというか、悔しいというか、悲しい。

試食販売はプロの仕事だなあと思いながら、ずっと敬意を抱いてきた。「今日はこれを売る」気合いのもと、お客の足を止め、自分のテリトリーに引き込む力は生半可なものではない。一年ほど前、立ち止まって聞き惚れたことを思いだす。駅ビルの地下の食料品街。定期的に試食販売のブースが出る場所に通りかかると、鈴の音のような線の細いきれいな声が耳に届いてきた。

「さあいかがですか、少しだけでも召し上がってみませんか、すばらしい漬かり具合の白瓜のお漬物なんですよ、白瓜なんてちょっと珍しいでしょう、それに塩分控えめですからね、お体にも優しいんですよ」

不特定多数を相手にしつつ、個人と向き合う絶妙な語り。淀みがないのに親身で、押しつけがましさが一切ない。すばらしいなあ。ふらふら～と近づいて楊子に手を伸ばしたい衝動に駆られたが、先を急いでいたので我慢した。でも、あの声と語りは、いまも耳の奥に貼りついている。たぶん七十歳近い、白い三角巾で頭をきゅっとしばった小柄な女性。この道何十年の大ベテランの風格があった。

声なのだ。あの親身な声や語りを失った寂しさなんだなと思いいたる。雑踏のなかで紐帯を感じ、財布のヒモを緩めるうれしさ。とうの昔に消えてしまった豆腐売りや納豆売りなどに通じる匂いが、試食販売の声にはある。だから、いつの日か、試食販売に戻ってきてほしい。

ところで。共産党副委員長、山下芳生参議院議員のツイッターにときおり登場する自宅キッチンでの動画が最高だ。六月十七日は、夜中にコーヒーを淹れながら国会の閉会を振り返る動画を投稿。ある日はじゃがいもの皮を剥きながら電通やパソナに怒り、ある日はまな板の鶏肉をフォークでブスブス刺しながらコロナ禍での政府のやり方に怒り、カメラ目線の低音ボイス、バックミュージック付き。二分ちょっとの動画なのだが、情報量がいっぱい。手際のよさもすばらしく、かなりの料理の腕前とみました。

7月16日(木)　料理と政治②

「こんなツイートを発見!」と知人にLINEで教えられ、貼りつけてある動画を再生すると、あっ。山下芳生参議院議員の投稿ではありませんか。「10時間前」と表示されており、昨夜投稿されたもよう。すでに「いいね」が三千近くついているので驚く。

自宅キッチンから語りかける山下議員のツイート動画は、今回は赤いTシャツ、BGMはビブラフォンが奏でるジャズ。バージョンアップ感にどきっとする。

そもそも異能ぶり満載の動画なのだ。政治家としての語り、料理の腕前、別ベクトルの要素を同時に成立させ、しかもエンタテインメントにもなっているところが新しい。かつてこんなスマートな料理説法(勝手に命名)をものにした政治家がいるだろうか。

定位置はキッチン、終始カメラ目線。魅惑の二分二十秒を再現します。

「あかんでしょ、菅官房長官」

(ピーマンをちぎる)

「コロナ問題は東京の問題、と言いました。で、小池知事は、いやむしろ国の問題だと。鞘当てやってます。国と東京、両方の問題じゃありませんか?」

(ピーマン、次々にちぎる)

「毎日毎日、百人二百人と新たな感染者が出ている。もうタヌキの化かし合いみたいなことは止めて、科学的根拠に基づいた対策をやるべきですね」

(コンロ前へ横移動。ジャーッ、熱いフライパンにピーマンを投入する音。ガチャガチャ、フライパンを振ってコンロに当たる音。バチバチ、ピーマンが跳ねる音。効果音が絶妙)

「えー、政府の専門家会議の決めた基準でも、一週間の新たな感染者数が十万人あたり二・五人を超えたら(フライパンを振りつつ、進行中の料理以外のことをカメラ目線で喋る高度な語りを展開)、社会への協力要請を行うということになってるんです。もう東京は二・五人どころか、八人を超えてます。緊急事態宣言が出されたときのこの数字は五人でしたから、それよりもはるかに多い」

(フライパン、ガタゴト振る)

「これは手をこまねいている場合じゃありませんよ」

(塩をガリガリ挽き、かける。「よしー」と小さくひと声、後方から皿を取り出し、ピーマンを手早く盛る)

「おっしゃーあ」

「徹底した補償とセットで、業種と地域を限定した自粛要請に踏み切るべきじゃないでしょうかね。徹底した補償とセットでなければ、お店を辞めるのか、感染を拡大するのか、そんな悪魔の選択を中小企業の経営者に迫ってはなりません」

（カメラに向かい、料理を見せる）

「今日はピーマンの塩炒め。平松洋子さん推薦です。いただきます」

え、ええ、えええー。

なんと私のレシピだった。

「山下議員の動画がすばらしい」と書いたことに反応して下さったもよう。ちぎったピーマンをじゃっと炒めただけの一品に目をつける選球がシブい。

ときおり投稿されるこの料理説法動画に私がぐっとくるのは、まず、語りの明快さ。率直な批評性。言葉を伝達する手立てとしての料理を二分の短さでさっと切り上げ、憤りや怒りをストレートに表明しながらもおいしそう、ってミラクルだ。そして、手際がいいのに、ちっとも自慢げじゃない。料理の熱とともに政治の言葉に血が通っている。今日、わずか二日間で動画再生数十万三千回。いま政治の言葉に何が求められているか、よくわかる数字だと思う。

8月3日(月)　件のこと

内田百閒の短篇小説に、大正九年に書かれた「件」がある。もう何十回となく読んでいるのに、冒頭「黄色い大きな月が向うに懸かっている」の一文で、いつもたちどころに持って行かれる。

件は「くだん」。顔が人間、身体が牛、半人半獣。物語の語り手は、件になってしまった自分の身の上を嘆き、途方に暮れる。

「件は生まれて三日にして死し、その間に人間の言葉で、未来の凶福を予言するものだと云う話を聞いている。こんなものに生まれて、何時迄生きていても仕方がないから、三日で死ぬのは構わないけれども、予言するのは困ると思った」

ところが、件の予言を聞きに群衆が押し寄せ、それ今か、やれ今か、息を詰めて件の一挙手一投足を見守るのだが……。

この奇妙奇天烈な短篇に登場する件を作家の創作だとみる向きもあったようだけれど、予言獣「件」はすでに江戸時代の史料や古文書などに登場しており、件が描かれた絵を見る者は、病の難から逃れられるとみずから告げた……と、私が知っていたのはここまでだった。

ところが、つい数日前、神戸に住む友人ヨウコさんから封書が届いた。封筒がふわっと厚いので、訝（いぶか）しみながら開けると、手紙といっしょに新聞の切り抜きが出てきた。

七月二十五日付、毎日新聞朝刊。切り抜きを広げると、特大の見出し。

「心の願い　件に託して」

「『厄除け』予言獣　人々の不安や思いと密接」

不思議だな、おなじ日付の毎日新聞は私の手元にもあるのに、この大きな記事を知らない。よく見ると、「地域特集」と記してあった。

あっ、と声が出た。詳細な記事のなかに「今年6月、件に関する新事実が確認された」。岡山藩池田家の家老の家に伝わっていたとみられる古文書に、安政七年（一八六〇年）、現在の岡山県備前市で飼われていた牛が産み落としたという件が描かれ、その記録が確認されたとある。紙面には当該のリアルな画文も掲載されているので、目を皿のようにして見た。もしかしたら、岡山で生まれ育った百閒先生は、ばあやの背中で件の話を聞かされていたのでは？

ヨウコさんがわざわざ送ってくれた記事を何度も読み返しながら、私は勝手に妄想をふくらませ、百閒先生と件との関係の秘密に触れた気になっていた。

件はアマビエの〝仲間〟なのだ。弘化三年（一八四六年）の瓦版に描かれたアマビエは長い髪とくちばし、人魚に似ている。アマビエもまた、いずれ病が流行る、早々に私を写して人々に見せよと言い置いて消えたと伝えられる。江戸から明治にかけて、赤痢やコレラが不安を広げていた。

さらにヨウコさんの切り抜きを読むと、件は昭和初期、戦時中にも連綿と生き続けたらしい。神戸では、件を信じて三日以内に小豆飯かおはぎを食べれば、空襲から逃れられるという話が広がった、とも。

なるほどなあ、と膝を打つ。予言獣が小豆と結びつくところが、またリアルだと思った。小豆は、古来から魔除けとして大切にされてきた。小豆の赤い色には呪力が宿り、邪気を払うと日本人は信じてきたのである。だから、おめでたい日には赤飯を炊き、厄除けにぜんざいを食べた。

アマビエにも件にも、赤い豆のチカラにもすがりたい霊鎮めの八月。

9月2日(水) ひゃっこい

六本木なんて何ヶ月ぶりだろうと思いながら、地下鉄の六本木駅で降りて六本木ヒルズ方面へ向かう。

春からいっせいに閉鎖されていた美術館があちこちでそろりと動き始め、乾いた砂漠に慈雨がもたらされた心地がしてものすごくうれしい。そのうちのひとつが、四月十七日開幕予定だった森アーツセンターギャラリー「おいしい浮世絵展〜北斎 広重 国芳たちが描いた江戸の味わい〜」。諦めかけていたら三ヶ月遅れで始まったので、気分は前のめりだ。

家の玄関で靴を履きかけ、待てよ。いま、美術館のほとんどが事前予約ではなかったかしら。急いで公式サイトを確認すると、あんのじょうオンラインでの事前予約、日時指定制、入場制限あり。当日は無理かもしれない、とあせりながら、試しに一時間半後の時間帯をクリックしてみると「空きがあります」。すかさずチケットをオンライン購入、手続き完了メールが送信されてきたのを確認してから、家を飛び出した。

思いたったら気ままにぶらりと寄る美術館の愉しみは、いまはない。エレベーターに乗る人数八人まで、検温、マスク着用、フィジカル・ディスタンス遵守、よけいな会話なし、壁や展示ケースに不用意に触らない……ルールは多いが、しかし、これが美術展の存続の道なのだから、よろこんで。それに、規制をかけることで〝守られている〟と思うと、心強くもなってくる。

五十二階の展覧会場に入ると、あたりが江戸の空気に塗り変わり、頭のなかで柝（き）の音がぱあんと鳴った。

冒頭「春」、三代歌川豊国「見立源氏はなの宴」。満開の桜の下で繰り広げる宴席は、満艦飾の華やかさ。ガラスの簾の上に盛りつけられた紅白の刺身も色っぽい。鯛と鮪だろうか。派手な麻の葉柄の絞りの打ち掛けを羽織った女は、隣の男に酒を注いでいるところ。

浮世絵に描かれる食べ物は、とても饒舌だ。状況説明の要素でも絵の盛り上げ役でもなく、食べ物自体に格別の熱量があるのは、それだけ江戸の人々が季節ごとの食べ物に込める気持ちが深かったからなのだろう。

たちどころにもっていかれたのは、歌川国芳「春の虹蜺」。女が、鰻の蒲焼きを筏のまま、串を握って口に近づけたまさにそのとき、空に掛かる虹。鰻から視線が逸れた一瞬をスナップショットのように捉えた画面のなかに、香ばしい醤油や味醂の香りまで詰まっている。勝川春亭「江戸大かばやき」が描く、鰻屋の厨房の熱気もすごい。炭火の前で鰻を焼く女、活け鰻を入れたざるに手をかける女、焼きたての蒲焼きを運ぶ女、みんな着物の胸もとをぐずぐずにはだけ、むせかえる熱が伝わってくる。葛飾北斎「『北斎漫画』十二編」、精気がはちきれる鰻登りの図にも目が吸い寄せられ、しばらくごぶさたの鰻欲に猛然と火がついた。

暑い時季だから、やっぱり夏の情景が目に刺さる。まっ赤な西瓜。花火。浴衣。団扇。とりわけ、白玉。

白玉は、江戸の人気者である。夏のあいだ登場した冷や水売りは、「ひゃっこい、ひゃっこい」と声を掛けながら辻に現れ、白玉入りの冷たい井戸水を売り歩いた。一杯四文、真鍮や錫の椀は涼しさの演出だ。

その白玉を描く三代歌川豊国「東都名所四季之内　両国夜陰光景」、歌川国芳「名酒揃　志ら玉」のすばらしいこと。もっちりとふくよかな白玉が、つるんと口に滑りこむとき、暑熱がすうっと消える……白玉が恋しくなって困りながら、続々と現れる浮世絵のなかの江戸に浸りこむ。

10月20日(火)　かつカレーまん問題

おいそれと国外に出られないぶん、あちこちの街の風景が恋しい。

ヨーロッパでもアジアでも、街を歩くと「ＳＵＳＨＩ」の看板をよく見かける。店の入り口も似通っていて、外のボードに握り、軍艦巻き、巻き寿司、寿司ロール……カラー写真がずらり並んで寿司図鑑。ＳＵＳＨＩというワードは拡散されていても、説明写真なしでは、まだイマイチわからない存在なのだろう。

この街頭の寿司図鑑の前に立って、観察するのが好きだ。スクランブルドエッグの軍艦巻き、海老フライの赤い尻尾が突き出た手巻き寿司、キウイとオレンジのフルーツ寿司……二十年くらい前は間違い探しの気分で眺めていたが、あるとき、この自分の態度は残念だと思うようになった。汎用性をもつ食べ物は、おのずと領域を広げて変容を遂げてゆくもの。自由な変容には、オリジナルな文化が宿っている。フィンランドのデパートのテイクアウトコーナーに並んでいた寿司ロールは、サーモンのピンク一色だったし、カリフォルニア在住の友人は「サルサソースがかかっているアボカド寿司なんて普通だよ？」。

スシポリスの一件を新聞で知って、呆れたことを思い出した。

二〇〇六年、海外で〝間違った〟日本食が蔓延しているのを危惧した日本政府が〝正しい〟日本食を認定する『海外日本食レストラン認証制度』を創るという話。いやいや、その態度のほうが意味不明でしょう。〝正しい日本食〟の定義なんてどこにもないし、そもそも国民食とされるカレーもラーメンも外国経由、日本人がオリジナルの食べ物に育てた。そんな歴史の背景がありながら、身のほど知らずというか、恩を仇で返す所業というか。あんのじょう、海外メディアから「スシポリスがやってくるぞ」と揶揄されて一斉にバッシングが起き、日本政府はあわてて矛を引っ込めた。諦めただけマシだった気がする。

最近では、イギリスで事件が起きた。

時事通信の記事「『日本食』のはずが中華風に　英料理番組に批判殺到」。ごくかいつまんでいうと、イギリスの人気長寿テレビ番組「ブリティッシュ・ベイクオフ」は、与えられたテーマを受けて出場者がお菓子作りの腕を競うという内容だ。問題の回のテーマは「日本」、課題は「蒸しまん」「抹茶ミルフィーユ」「KAWAIIケーキ」。出場者のひとりが「蒸しまん」から発想して、かつカレーまんをつくった。番組がオンエアされると、課題自体が認識不足でズレていると批判が殺到。「無知で人種差別主義」とまでエスカレートしたとか、イギリス在住の中国人も「蒸しまんは自分たちの文化だ」と参戦したとか。

やれやれ、と私は思った。とかく「人種差別主義」を持ち出す昨今の傾向には鼻白むが、それはさておきかつカレーまん、むしろ鋭いところを突いているのではないか。蒸しまんは中国由来だが、日本全国のコンビニには中華まんやピザまんが並んでいるし、洋食出身のかつカレーは、地球を一周回って目下イギリスで大ブレイク中（チキンカツがデフォルト）……日本をめぐる雑多な情報が満載だ。

そもそもとんかつは、ドイツ由来のシュニッツェル、フランスのコトレット、ポルトガル由来の天ぷら、世界あちこちの揚げ物料理のいいとこ取りである。

11月14日(土)　三時間三分

いっぺんやってみたかった肉のカタマリの低温調理に挑戦しようと思い立つ。

この調理法の特徴は〈低い温度で、長時間かけて熱をじわじわ通す〉。いっぽう、自分の料理の性分は〈ガッと攻めてパッと仕上げる〉。どうも反りが合わないなーと敬遠してきたけれど、ふとヤル気になった。動機は「家にいる時間が長い」。

とはいえ、低温管理に必要（らしい）調理用温度計を持っていないので、いつものヤマ勘でいく。

週末、こんな予定を立ててみた。

①豚の肩ロース肉六百グラムのカタマリに塩をすりこむ。

②タコ糸をくるくる巻いてジップロックに収め、念入りに空気を抜く。

③湯を張った鍋に沈下。

④湯の表面が揺れる程度、鍋底を火がなでるくらいの低温をキープしながら、ゆらゆら三時間、火を入れる。

⑤火を止め、そのまま二時間放置。

あてずっぽうとはいえ、えんえん五時間の長丁場です。

長いなあ。

でも、この時間をなにかに転換してみたい。ええと……アレだ！

BSで放映されたのを録画したままになっている映画「飢餓海峡」（監督・内田吐夢一九六四年　東映）。完全版・全一八三分、つまり三時間三分。三時間は長いよなあと思いながら観るのを先送りにしてきたのだった。

夜七時の夕食時間を想定して、逆算すること五時間、午後二時頃にスタートすれば首尾は上々のはず。

塩が馴染んだ豚肉のカタマリを袋ごと湯に沈め、浮かないように蓋を半分だけ肉にのせ、弱火にかけた。低温だから沸騰しない。よって、吹きこぼれの心配がないのは便利だなと思いながら、日頃の〈ガッと攻めてパッと仕上げる〉立ち位置からひどく離れた場所でバットを構えている気がして、どうも落ち着かない。

でも杞憂だった。テレビの前に移動し、録画リストから「飢餓海峡」を探し出して再生ボタンを押すと、硬質なモノクロ映像のなかの三國連太郎が若い！　逃走する途中、汽車のなかで行き遇う若い左幸子がきらっきらのまぶしさ。彼女が親切心で差し出した白飯のおにぎりを、空腹の三國連太郎ががっつく場面、これは全編を牽引するシーンなんだろうと思いながらぐいぐい引き込まれ、刑事役の伴淳三郎が登場する頃にはすっかり釘づけになっていた。

おっといけない。鍋のなかも気にしなくちゃならないのだよ。

停止ボタンを押し、台所に行く。

鍋のなかを覗きこむと、肉の色がまんべんなく変わって火が通っているので、よしこの調子だ、胸をなで下ろす。低温だからあまり湯も蒸発していないのだが、肉が顔を出してはよろしくないので、隣のコンロで沸かしておいたやかんの湯をたっぷり注ぎ足し、ふたを肉に引っかけ直して重しをかけた。〈再生↓停止↓鍋確認〉を三度くらい繰り返し、若い高倉健の顔も拝んで、圧巻の「飢餓海峡」終幕。豚肉の低温調理も終了。三時間三分、あっというまだった。

そのあと放置したまま雑用を片づけていたら、なんだかんだで夕刻七時。袋を引き上げ、まな板にのせてタコ糸をほどいておそるおそる包丁で切る。すると、しとしとの柔らかな肉の断面が現れた（当日は厚切りにしてマスタードをつけて食べ、翌朝は薄く削いでパンにはさんだ）。

初めての長丁場はどうにかうまくいったが、すべてが「飢餓海峡」のなかに飲み込まれた気がする。

12月7日(月) 夢のコラボ

「クッキングパパ」の荒岩一味パパがパセリカレーをつくる！（「モーニング」十二月十日発売 二・三合併号）夢みたいだ。

長く愛読してきた漫画の主人公、作者のうえやまとち先生、二人が並んで私のレシピとにらめっこ……何度読んでもどきどきする。

出来上がったカレーを食べて、

「ムダを全部そぎ落としてうまさの原点だけ残したようなカレーですね」（荒岩パパ）。
「びっくりするうまさバイ!!」（うえやま先生）
うれしくて涙目です。

このミラクルな展開には、じつはめでたさがいくつも絡んでいる。

食をテーマにする月刊誌「ダンチュウ」、二〇二一年一月号は創刊三十周年記念号。その特集の冒頭、「大反響を呼んだ最強ツートップ」として掲載されているのが、不肖私のパセリカレーだ（もう一品は「ル・マンジュ・トゥー」谷昇シェフのクリームシチュー）。そもそも同誌でパセリカレーを紹介したのは四年前だったのだが、その後も広く支持を受ける料理として三十周年記念に挙げていただいた。

身に余る光栄なのに、さらに先が。「ダンチュウ」編集部が「モーニング」編集部へコラボ企画を提案、このカレーをテーマにして、新作「クッキングパパ」誕生……この話を最初に聞いたとき、私はじーんとした。

「ダンチュウ」創刊三十周年、「クッキングパパ」連載三十五周年、分野は違っても、荒波大波小波を乗り越えながらたゆまず歩いてきた出版人たちの道のり。べつの雑誌、べつの出版社が垣根を越えて手を握り合うところにも感じ入った。

この流れは、「クッキングパパ」でも詳細に描かれている。ドキュメント仕立てのストーリーを練るにあたって、オンラインで会いませんかとお誘いを受けた。メンバーはうえやま先生、「モーニング」編集部の担当編集者Sさん、「ダンチュウ」編集部の担当編集者Wさん、私、四人のリモート大作戦。

むちゃくちゃ楽しかったなあ。

画面に現れたうえやま先生の笑顔に、長寿漫画の魅力の源泉をみる思いがした。

「平松さ〜ん　お会いしたかったです〜」

「私も〜」

初対面なのにたちまち気心が知れたのは、荒岩パパのキャラクターが作者の真の分身だからなんだ、と感じ入る。そのうえ「いつも週刊文春の『この味』読んでます」という言葉が、じわりと沁みる。親身な会話が進み、「すぐ裏の畑で自家栽培しているパクチーでもつくりましたよ」と仰るので、ええーすごい、びっくり。なぜなら、このカレーの発想のおおもとにはパクチーの存在があったから。パセリカレーは肉と緑が手を結んだ着地点……オンラインでの会話のやりとりも、作中に描かれている。

パセリカレー、パセリカレーと連呼して恐縮ですが、材料、つくり方、料理、すべて「ダンチュウ」「モーニング」二誌で同時に紹介されているので、ぜひ。写真、文章、漫画、それぞれの表現を体験できるめったにないコラボレーションだ（その後、パセリカレー編は『クッキングパパ』第百六十巻〈講談社〉に収録）。

肉五百グラムとパセリ二十五本があれば、三十分以内ですばやくつくれるカレー。

お会いしたかったです〜
パセリー

「すごいパセリの量ですねー」（荒岩パパ）
「わはーっ　ホントに鍋の中は森のようだ」（うえやま先生）
シャープで大胆なコマ割り、圧巻のインパクトで迫る料理の描写、荒岩パパの包容力と存在感にもあらためて酔いしれ、やっぱり夢みたい。

〈パセリカレー〉
【材料】
あいびき肉500g　パセリ約25本　カレー粉約大さじ3　トマトピュレ（またはトマトの水煮）2／3カップ　おろしにんにく小さじ1／2　おろし生姜小さじ2／3　水1／2カップ　塩、こしょう適宜
【作り方】
①厚手の深い鍋にひき肉とカレー粉を入れる。
②スパイスを肉になじませながら混ぜ、軽く火を通す。
③パセリを洗い、茎の根もとまで5ミリくらいのみじん切りにする。
④鍋のなかに、2〜3回に分けてパセリを入れ、全体を混ぜる。
⑤トマトピュレ、水を加え、ふたをして20分ほど煮込む。
⑥にんにく、生姜を加え、塩、こしょうで味をととのえる。

＊カレー粉は、私はふだんS&Bの赤缶を使っています。好みのカレー粉を使ってください。

＊パセリカレーにはパンチのある風味が合うので、カレー粉にクミン、コリアンダー、赤唐辛子、黒こしょうなどのスパイスを適当にプラスしています。

＊パセリの量があまりに多いので「なにかの間違いでは……」「狂気の沙汰だよ」と、きっと不安になると思います。でも、大丈夫！　煮ると、驚くほど嵩が減ります。

12月22日(火)　たぬきで一献

「たぬき豆腐、ずっと頼みたかったからうれしいな。やっと注文できる」

にこにこしながら言い、彼女はカウンターのなかのおじさんに声を掛けた。

「たぬき豆腐ひとつください。あと、もろきゅうも」

品書きに並んでいるのを見て、注文してみたいとつねづね思っていたけれど、量が多くて持て余しそうだから躊躇(ちゅうちょ)してきたのだと言う。

この状況下、友人を誘うのも気が引けるから居酒屋はひとりで行くことにしているという友人が、私のまわりにはけっこう多い。気が向いたときぷらっと覗いて、適度に空いていたら入るし、もし混雑していたら家飲みに切り替える〝でたとこ勝負〟方式。もし誰かと誘い合わせていたら、そそくさと解散しにくいし、妥協しがち。何かとひとりのほうが気楽である。

と、そんなふたりがおなじ居酒屋で鉢合わせした。

瓶ビールを手酌でコップに注いで一杯め、好物の三つ葉のお浸しをつまみにしてくつろいでいた。半日ずっと、都心の図書館にこもりっきりだったから息抜きがしたくなり、そういえば神田にいい居酒屋がある、まだ六時過ぎだから混んでもいないだろうと思い、ひとりで暖簾をくぐったのである。居酒屋なんて久しぶりだな、といそいそしながら。

ＴＶニュースをのんびり眺めながら二杯めのビールをちびちび飲(や)っていると、すぐ脇の引き戸ががらがらーと開いた。

え、ええー。

まさか。

ＹＯＵは何しにこの居酒屋へ？

腰を浮かせて固まっていると、私と目が合った相手もぽかんとして口を半分開け、引き戸を閉める手が止まって銅像になった。

娘だった、私の。

居酒屋のひとり飲みを愛好しているのは知っていたが、こんな偶然があるとは。しばらく連絡も取っていなかったし、ここはとくに有名でもない地味な店だ。そういえば、誰にも教えていないすばらしき居酒屋が神田あたりにあると言っていたが、ここがソレなんだろうか。

「いや〜これはこれは。奇遇じゃないですかー」

「こんなところで会うとはびっくりびっくり」

おやじのような会話を交わし、隣同士のお客になって肩を並べた。

とりあえずビールで乾杯。追加してなにか頼もうとなったとき、冒頭の科白がでた。以前、ほかのお客さんがたぬき豆腐を食べているのを見かけて頼んでみたいと思っていたけれど、ひとりには量が多すぎるから我慢してきたのと言う。

たぬき豆腐が運ばれてきた。

アルミの小鍋に豆腐が一丁、熱い汁のなかにどおんと鎮座している。汁の表面いっぱい、こんがりきつね色の揚げ玉。大小のマルがぎっしり浮かんだ風景はモダンアート作品のようでもある。抽象画を鑑賞している気分になり、しばらく無言で見入った。

熱いうちにさあさあ。れんげですくって小鉢に移し、それぞれが初めてのたぬき豆腐と対面した。

だしを吸い込んだ揚げ玉は、酒の肴に最高だった。豆腐を食べ終わっても、揚げ玉はへこたれない。割り箸の先でひとつ、ふたつ、ふやけたのを大事につまんでは口に運ぶ。

無数の揚げ玉はいつまでも減りもせず、へたりもせず、座持ちのよさもこのうえなく、ありがたいことに酒もはかどる。

思いがけない、いい夜だったな。

2021年1月8日(金) 干しいもを食いちぎる

電車や地下鉄に乗ると、適度に混んでいても空いたままの席をよく見る。目の前に空席があっても座らないのは、他人との距離を縮めることを用心しているから。十ヶ月ほど前までは見ることのなかった風景だ。

かつて誰も経験したことのない年末年始。ヤツは目に見えないけれど、すぐ背後に潜んでいる。

たとえば去年十二月七日、国立劇場に文楽公演を観に行ったときのこと。

午後五時からの第一部、「仮名手本忠臣蔵」二つ玉の段、身売りの段、早野勘平腹切の段。いつもなら場内満席の演目だろうに、感染対策のために席数を減らして上演しているから空席が目立つ。その状況のなか、人形と三味線と語りが、義父を殺害したと勘違いして仇討ちに加われなくなった勘平や身内の凄絶な悲劇を織りなしてゆく。不器用で早とちりの勘平は「仮名手本忠臣蔵」のなかで、とりわけダメ男なのだが、この舞台では悲壮感がきわだっていた。午後七時半から上演される第二部「桂川連理柵（かつらがわれんりのしがらみ）」も続けて観るべきだったかと思いながら余韻の深さに後ろ髪を引かれていると、その直後、第二部の公演中止の報せを聞いた。まさか、数十分後の公演が？　中止の理由は、出演者の新型コロナ感染が判明したからということだったが、開演寸前の中止は大変な決断だったろう。

いつ、なにが起きるかわからない。夏あたりから、まさかと思う店が相次いで閉店し、そのたびに唇を嚙んだ。懇意にしているレストラン店主は「地獄を見ました」。長年通っている歯医者に行くと、完全防備で治療にのぞむ姿に畏敬の念が募る。病院に勤める知人の看護師が「もう何ヶ月も休んでないし、手当もでていない。ＧｏＴｏとか、どこの惑星の話かと思う」と言うのを聞いたときは声もなく、いっぽう、ここまで底を打ったときに再出発すれば人生怖いもんなしと一念発起して会社を辞め、ひとりで宅配の弁当屋を始めた知人もいる。

いろんなことがあり過ぎる毎日でも、受け容れながら進むほか手はない。もうじき父の三回忌だが、ひとを集めず、母と妹と私だけの小さな法事だ。（あんたたちも大変よなあ）なんて、草葉の陰でつぶやく父の声が聞こえる気がする。

数日前、干しいもが届いた。何十年来の友人がいつも手配して送ってくれるので、すっかり楽しみにしている茨城の干しいも。

小ぶりの段ボール箱を開け、薄いビニールをめくると、不揃いの形が身を寄せ合うようにしてみっちり詰まっている。細いの、長いの、幅広いの、小さいの、でかいの。大きさはてんでんばらばら、灰色を帯びた無骨な一枚一枚だが、厚さ四ミリほどに揃っているので、見ようによってはアーティスティックな集合体だ。

この密度の濃さに干しいもの実在感がある。煮炊きの必要がない、いつでも囓れる、日持ちもする、カロリーも食物繊維も十分、携帯できる……日常食も非常食も万事OK。知恵と工夫の結晶だ。

長いのを選んで、ぺりぺりと剝がれる音を聞きながら一枚引っぺがす。抵抗を楽しみながら食いちぎると、ねっとり粘って甘い。にちゃにちゃと歯にくっつくのも構わず嚙むと、いもの甘さが湧いてきて、たった一枚のなかに足腰の強い充足感がある。干しいもを食いちぎっていると、食べて生きる現場に自分がたしかに立っている気がする。

•

2月5日(金) ドアノーとクレープ

心待ちにしていた写真展があった。

今日からBunkamura ザ・ミュージアムで始まった「写真家ドアノー/音楽

／パリ」。パリを拠点に活躍した写真家ロベール・ドアノーの、音楽とパリをめぐる写真約二百点を公開する大規模な内容だ。コロナ禍中、フランスでは三度目のロックダウンは回避されたが、現在も夜間六時以降の外出禁止など全土で厳格な措置がとられ、欧州域外からの入国も許されていない。その状況下でようやく届いたオリジナルプリントだから喜びもひとしお。指折り数えて待ってきた。

二月二日。あれ？　と思う。

今日じゃなかったかな。

二日は、フランスではクレープの日。「シャンデレール」と呼ばれる聖燭祭で、イエス・キリストが生後四十日目に聖母マリアとともに神殿を訪れた日の祝いとして、教会ではミサをおこない、家庭ではクレープを食べる。その理由は、世の光イエスにちなんで丸く輝かしい黄色のクレープを愛でるようになったとも、かつて二月、ローマへの巡礼者に法王がクレープをふるまったからとも。「シャンデレール」の日、国中でクレープ気分が盛り上がるという。

にんまりした。

ミュージアムのすぐ手前、東急百貨店の正面玄関の向かいに「ＶＩＲＯＮ」がある。

去年の夏だったか、「ＶＩＲＯＮ」渋谷店でクレープのテイクアウトが始まった、これが絶品なのよと友人から聞いていた。「ＶＩＲＯＮ」といえば、泣く子も黙るバゲット・

レトロドール。日本在住のフランス人が「東京でバゲットを買うなら『VIRON』」と断言するのを何度も聞いたし、じっさい、フランス産の粉を使って焼くレトロドールはもちもちむっちり、皮はバリッとハードで香ばしく……いや、クレープの話だった。

二日は「シャンデレール」。日本では、百二十四年ぶりに二日が節分。

三日は立春。

五日はドアノー展初日。

春の光がいっせいに舞い始めて輝かしく、浮き足立ってくる。そのうえ「VIRON」のクレープって、話が出来過ぎのような。

おずおずと「VIRON」の店頭に立つ。

あった！

路上の黒板に手書きメニュー。六種類いずれも、バターはエシレバター、生地はレトロドールと同じ。塩キャラメル、シンプルに砂糖、レモン果汁、ラムかオレンジリキュールのアルコールバージョン、マロンピュレ、ヌテラ……頭のなかがぐるぐるして、自分の口が「塩キャラメルください」と言うのを聞いた。

二分ほど待ち、小窓越しに焼きたての「キャラメル　ブール　サレ」七百二十円を受け取る。驚くほど重い。三角に折りたたんだ黄色い花びらみたいな厚い端っこにかぶりつくと、あのレトロドールのもちもちむっちりの生地が歯に食い込んだ。塩キャラメルとエシレバターがとろんと染みて悶絶。これはとんでもなくうまいやつ。そういえば十年ほど前、ドアノーが暮らしたパリ郊外のモンルージュを訪ねたとき、地元のクレープリーで食べたのも塩キャラメル風味だったとなつかしい記憶も蘇ってきて、あとは夢中。

肝心のドアノー展は、やっぱりすばらしかった。展覧会場に流れる温もり、パリの街と人間と音楽の濃密な気配、ドアノーの視線。もう一年続いているコロナ禍の緊張が解きほぐされ、不意に泣けてきた。

3月1日(月)　失われたパン

フレンチトーストには二種類ある。

食パンでつくる。

バゲットでつくる。

とはいえ、どっちが好きかとか、正しいとか、そういう話ではない。

フレンチトーストと呼ばれるパン料理は、牛乳や卵液に浸したパンを焼いてつくるが、「フレンチ」とわざわざ名指しされたフランスではパン・ペルデュ pain perdu、つまり「失われたパン」と呼ばれていると知ったときは、その言葉の意味の深さにいたく心を動かされてしまった。「失われたパン」という言葉には、時制も状態も、さらには食べ頃が過ぎてしまったものに対する残念な感情までも加わっていて、間然するところがない。この呼び方を知ったとき、そうか、べつに四角い食パンでなくてもかまわないんだな、という解放感があった。てっきり食パン料理のひとつだと思い込んでいたけれど、フランスでは、バゲットを使うのがそもそもの出発点だったのだ。

食べ頃を過ぎてカチコチに堅くなったバゲットには、焼きたての香ばしさは影もかたちもない。そう、まさに「失われたパン」なのだが、再生のための手段はたくさんある。スープや煮込み料理に入れる、挽肉料理のつなぎに使う、削って料理にふりかけてオーヴンで焼くとき焦げめをつける等々。そして、溶き卵や牛乳に浸せばフレンチトースト、つまりパン・ペルデュになるというわけだ。

最近、パン・ペルデュをよくつくる。それには理由があって、地元にある某ビストロの入り口脇に自家製のパンを売るコーナーを発見し、そのなかにもっちりとしておいしいバゲットを見つけた。たまに連れ合いも買ってくる日があり、同時に二本かち合ってしまうことがあるのだが、そのときはきっと二分の一本くらいは確実に「失われて」しまうだろうから、パン・ペルデュで始末をつけようと心づもりをする。

せっかくなら、パン・ペルデュは念入りにつくりたい。食べきれなさそうだと思ったら、前夜に準備にとりかかる。まわりはふっくら香ばしく焼けているように見えても、ナイフを入れたら中心が白い生焼けになっていることがあるので、この事態だけはどうしても避けたい。朝から悲しい気持ちになってしまうので、その予防策としての前夜の仕込み。

とはいえ、手間はかからない。ボウルに溶き卵二個分と牛乳一カップを混ぜ、斜めに切ったバゲットといっしょにビニール袋に移し、冷蔵庫にしまっておく。砂糖を入れないのは、食べるときたっぷりジャムをのせたいという食い意地による。

翌朝、冷蔵庫を開けると、ほんのり黄色に染まったひとかたまりがたっぷり卵液を吸い込んで、しとしとと。一片ずつそっと取り出し、バターを溶かしたフライパンでこんがり焼く。ふたをして火を通すと、ふっくらふくらんで目にも贅沢だ。

そのときどき、ジャムをのせたり、蜂蜜をかけたり、水分を取ったクリーム状のヨーグルトや果物を添えるとずいぶん華やかなのだが、昨夜の残り物のなすの煮物の小鉢をチョイと添えることもある。問題ない。

失われたものが一気に返り咲く、鮮烈な復活劇。口のなかが傷だらけになりそうだった堅い皮が、ひと晩をくぐり抜け、お菓子の生地みたいな顔で取り澄ましている。

買いたての食パンでつくるときがたまにある。そのとき少しだけズルをしている気になるのは、まだ「失われて」いないからなのだろう。

3月17日(水) 待望のふきのとう

おたおたしていても春は来る。

近所を歩くと、コブシの花が満開だ。例年よりき一んと目に染みるこの感じ、何だろうと思いながら、はっとした。知らず知らずコロナ問題に攪乱(かくらん)されているのか。

春になったら、あれ。

毎年待ち侘びるふきのとう。

町に住む身としては、八百屋の軒先で六個入りパックを見つけるしか手がないのが少々悲しいのだが。

いつだったか、田んぼや畑に囲まれて住んでいる友人を訪ねたときのこと。家のまわりを散歩していると、彼女が小さく叫んだ。

「でた!」

ぎょっとして周囲をきょときょと見回していると、ほら!と指さす。

しゃがんで指を伸ばした先に、ふきのとう。黒土のなかからほこっと顔を突き出して半分開きかけ、いたいけな薄緑がまぶしい。そうか、毎年こんなふうにふきのとうに出会っているのかと思うと、猛然とうらやましくなる。「ここにでてるってことは……」

と言いながら、彼女が周辺を探ると、たちまち三つ四つ収穫。自分で作ったふき味噌を肴にして晩酌すると、「おとなになってよかった、生きててよかった〜と思うんだよね」と、目尻を下げていた。

私も、待っていた。

さあさあ。自分で自分をせっついて八百屋に走ったのには理由がある。

「ふきのとうのヒメノ式」を作りたい。

姫野カオルコさんが「食い意地でひらめいた」レシピで、初めて読んだとき、字面からふきのとうの芳しさが吹き上げ、悶絶した。

これは問答無用のうまいやつ。

姫野さんは書いている。

「これの作り方を以下に述べるので、飲食店の方々がもし、このレシピを採用なさるさいには、お代金などめっそうもございませんので、メニューにぜひ『ふきのとうのヒメノ式』と記載してください」(『何が「いただく」ぢゃ!』プレジデント社)

飲食店レベルか！　気は焦ったが、なにぶん三月後半じゃないとブツは現れてはくれない。

機は熟した。

私は鼻の穴をふくらませて作りました。いま、お布施を包みたい気持ちだ。

「ふきのとうのヒメノ式」は、ものすごく端折って言うと〝蒸しふきのとうの肉そぼろがけ〟。豚の赤身のひき肉二百グラムくらいをごま油で炒め、「てんさい糖・岩塩・醬油・みりんor料理酒で、各人の好みのあまからに味付けする」。蒸したふきのとうは縦に細長く切って皿にのせ、ひき肉を全体にふりかけて合体。

スプーンですくって食べる。

こんなふきのとう攻略法があったのかと感嘆しながら、ひとすくい。

嚙む、嚙む、嚙む。

ずん、ずん、ずん。

音を立てて私はハマった。

ほろ苦さやら香ばしさやら、肉のうまみやら甘辛味やら、すべてを外に逃がさず、自分の口腔内で混ぜ合わせながら完結させるヒメノ式である。

「しかも、この組み合わせ、ビールを飲むのでゲップも出るのであるが、その息がまたふきのとうの香り(＝早春の香り)がして、たのしめる」

ふきのとうを愛する者の言葉が沁みる。

3月25日(木) うに弁当を久慈で

「三月十一日、もうこれで終わりと思いました。自宅は山手だから流されずにすみましたが、鉄道がなくなって商売ができなくなって……。地震があった日も営業中でしたが、ビシビシ音がした五分くらいあと津波の避難命令が出て、すぐ店を閉めて避難しました」

十年前、二〇一一年秋。三陸の海岸線を走る三陸鉄道・北リアス線の久慈駅構内、「三陸リアス亭」のかたわらに立ってエプロン姿のクニエさんが細い声で話し始めた。

東日本大震災から半年後、その三年後、私は三陸海岸を二度訪れている。いずれの旅も大きな目的は、当時七十代の工藤清雄・クニエさん夫婦が作って売る「うに弁当」。いまでこそ全国に名前が知れ渡っているけれど、ふたりが作り始めた三十数年前は、新鮮なウニを弁当に仕立てるなど誰も思いつきもしなかった。毎朝五時に仕込みを始め、ウニの粒の大きさや形に合わせて蒸し具合を調整し、ウニの汁や身をご飯に混ぜて炊く。アイディア、ウニの扱い、作り方、盛り込み方にいたるまで、味のすみずみに夫婦の気持ちが詰まった別格の弁当だ。

震災から半年後、「うに弁当」を手にしたときの感動は言葉にし尽くせない。三月以降、報道でつぎつぎに知る爪痕はとても受け容れられるものではなく、三陸地方も甚大な被害を受けたが、一点の灯のようなニュースにも触れた——震災五日後、三陸鉄道・北リアス線の一部で鉄道が走った。家や車を流されて着の身着のままのひとも多く、運賃は無料。地域の助けになろうとするローカル線の決意表明だ。

「うに弁当」の再開は四月十日。ウニの汁をつくる施設も津波に流され、地元のウニは全滅状態。北海道や青森あたりから取り寄せることにしたものの、気持ちは折れていた。ところが、電話が復旧すると全国から励ましの電話が掛かってきて、見舞金を添えた手紙が届いたこともあった。

「そこまでやっていただいて、辞めますって言えなくなって。涙流しながら、お父さんと『今年は辞めないで、できるところまでやろう』と」

楚々とした水色の掛け紙を取って弁当のふたを開けると、瞬きするのも惜しい魅惑の光景が現れる。

四角い空間にみっしり、整然と並ぶオレンジ色の蒸しウニ。その下にウニの煮汁で炊いたご飯。とにかく詰め方がすばらしい。飯台にあけて粗熱を取ってから弁当箱に盛り込むのだが、塩分を含んだご飯が重くならないよう、ほどよく空気を含ませながら均一に盛ると聞いて、箸ですくい上げたときの軽やかさに納得した。クニエさんは「おとうさんの盛りかたにはどうしたって敵わない」。

ひとつの弁当箱のなかに天然のウニ、自然の海があふれていた。

二年前、三陸鉄道は台風十九号の被害をもろに受け、一時は七割の区間が不通になった。それでも、東日本大震災から三年がかりで復活を遂げた百六十三キロ、日本一長い第三セクターの鉄道は復旧を果たす。今年三月十一日には「3・11を語り継ぐ　感謝のリレー列車」が走った。トリコロールカラーの三鉄は地域のひとびとの自慢であり、地元の生活のシンボルだ。

クニエさんの声がなつかしくて、思い切って電話を掛けた。

「あったかいお電話をありがとうございます。コロナでお客さま少ないですけど、はい、作っております。みなさんも元気出してがんばってくださいね」

4月30日(金)　今年のあさり飯

かきの季節が終わってさみしい思いをしていたら、浜のほうから小さな声が聞こえてきた。

「大きくなったよ」

そうだった、そうだった、うっかりしていた。連日の憤りに翻弄されて、調子が狂っている。

いっぽう確かな足取りで進んでいるのが自然の営みである。八百屋の店先、柔らかな扁平の新玉ねぎがごろごろ積み上がる光景が現れたときは、季節が音を立てて前に動くのを目撃した気分だった。

浜からの声。

かちゃかちゃ、こそこそ。

蠢(うごめ)く気配の主が、がぜん気になる。

あさり。

この時季のあさりはぷっくりふくれて肉厚、小さな身のなかにじいんと痺れる濃厚なうまみが醸成されている。

網袋にぱんぱんに詰まった大ぶりのあさりは、いかにも「獲れたてです」と誇らしげな顔つき。初物だから、こっちも張り切る。

やっぱり味噌汁かな、それとも酒蒸しかな、迷ったあげく、あさり飯を炊くことにした(冬場のかき飯に未練があったのかもしれない)。多少の段取りは必要だけれど、まあいい、テンションが上がっちゃっている。

私のつくり方です。

あさりをゆでた汁を冷まし、醬油と酒をくわえて米と炊く。炊き上がって蒸らすとき、殻から外しておいたあさりの身と極細のせん切り生姜を入れ、さっくり混ぜ合わせる。時間差で攻めるところに微妙な緊張感があり、しかし、そこが楽しくもある。初物祝いにはちょうどいい緊張だなと思いながら、いつもより念入りに米を研いだ。

炊き上がったあさり飯のうまさを、臆面もなく語りたい。米ひと粒ひと粒にあさりのうまみが染みこんで、濃い。強引ではないのに、全部をかっさらう仕業は反則ワザだよなど思う。春の海がすごいのか、あさりがすごいのか、米がすごいのか。

あさり飯の次は、これ。

ひとつの鍋ですぐできる〈あさりと豚肉と春キャベツ蒸し〉。

【材料】あさり2カップ分　豚ロース肉100g　春キャベツ半個　にんにく1個　赤唐辛子1本　塩、こしょう　白ワインと水ちょろり　オリーブオイルひと回し

【作り方】ちぎった春キャベツ半量の上に、あさり、豚肉、叩いたにんにく、輪切りにした赤唐辛子を重ね、残りの春キャベツをかぶせる。白ワイン、水、オリーブオイルを回しかけ、鍋にふたをして勢いよく蒸し煮。あさりの口が開いたら、塩こしょうしてひと混ぜ。

十五分もかからない手間入らずの簡単料理なんですが、あさり、豚肉、春キャベツのコンビネーションが口のなかで勝ち誇り、とてもまぶしい。

去年から二巡めのあさり。ほんのいっとき、浮世を忘れた。

5月15日(土)　おちょやんと道頓堀

NHK連続テレビ小説「おちょやん」が終わった。全百十五回、毎朝八時にテレビの前に惹き寄せられ、瞬きするのも惜しい十五分間。最終回、舞台で語られた女優・竹井

千代の科白は、過酷な人生を歩んできた「おちょやん」自身が見つけた言葉だ。

千代が、もとの夫、一平に向かってつぶやく。

「もしあのまま私ら一緒にいてたら、どないな人生があったんやろか」

「そないなこと、考えてもしゃあないがな」

「そうですな。今ある人生、それがすべてですなあ」

大阪・河内の貧しい家に生まれ育った千代の苦難の道のりに、かつて「大阪のお母さん」と呼ばれた実在の女優、浪花千栄子が重なり、演じる杉咲花が重なり、芸の世界で生きる役者たちが重なり、このドラマの脚本や演出をはじめ制作者の存在が重なり、「いま観ているのは掛け値なしの名作だ」という確信が日ごとに強くなった。

忘れがたい場面は数え切れないが、とりわけ鳥肌が立ったのは、物語の冒頭〈千代の幼少期〉を演じた毎田暖乃（まいだのの）が、終盤〈千代が養女に迎える姪の春子〉として登場、仏壇の前で母娘として抱き合うシーンだ。おのずと二役がダブるから、辛酸を舐めた少女時代の自分との和解の姿として映る——芝居だからこそ伝え得る映像表現に息を呑んだ。

「今ある人生、それがすべて」

ここに辿り着くまでの舞台が、大阪の道頓堀である。ミナミの繁華街として知られる道頓堀は、江戸時代、「道頓堀五座」と呼ばれた芝居小屋群が隆盛をきわめ、明治後期以降、五座は松竹の経営に移った。ちょっと浮かれ気味の猥雑（わいざつ）な道頓堀の空気は、芸能の爛熟から生まれたもの。「おちょやん」で描かれる道頓堀には、土地の位置や距離関係など具体的な要素が意図的に省かれており、むしろそれが物語の純度を高めていた。

ときどきほんのりと漂う道頓堀の匂いや味があった。老舗の芝居茶屋「岡安」が幕を閉じ、昭和二十三年、うどん屋「岡福」の暖簾を掲げる。入れ込みの座敷に運ばれるうどんの丼、大鍋で煮染める油揚げ。条件反射で私が思いだしたのは「道頓堀今井本店」のきつねうどん。朝の空腹に利いた。

道頓堀でしか出逢えない味はたくさんあるけれど、この半年のあいだ何度となく恋しく想ったのは、道頓堀二丁目「大黒」である。

明治三十五年創業、かやくご飯の小さな店。めしのなかに細かく刻んだ油揚げ、ごぼう、こんにゃく。だしの染みた薄茶色のご飯を箸で口のなかに運ぶと、道頓堀がここにある、と思わず目をつむりたくなる。小いもの煮つけ、ひじき煮、きゅうりもみ、煮魚、白味噌の味噌汁。淡いのに深い上方の味を体現して過不足がない。

きっと、道頓堀川に架かる大黒橋からついた店名なのだろう。かつて大黒橋のあたりには芝居小屋や茶屋が並んでいた。浪花千栄子もここのかやくご飯を食べたに違いない。道頓堀の栄枯盛衰を見守ってきたのが「大黒」の味である。

ところで。

着物姿の浪花千栄子が出演したオロナイン軟膏（大塚製薬）のＣＭは、強烈な印象を残して忘れられないし、「家中みんなで」と大きな文字のオロナイン軟膏のホーロー看板は昭和の文化遺産だ。なぜ浪花千栄子がこのCMに出演したのか、その理由にこのたび初めて気づいた。浪花千栄子の本名「南口キクノ」＝「なんこうきくの」。そうだったのか！

5月26日(水) 七転び八起き

やってしまった。

起こったことは仕方がないが、十日前の恐怖の瞬間が何度もフラッシュバックしてしまう。

運動中、ぴょんとその場で跳んで着地したとき、バランスを崩して左足を大きく外側に捻(ひね)った。なんてことのない単純な動作なのに、ぐらっと身体が左へ傾いた瞬間、左足首がぐりんと反転、えぐい音が上がった。

べりべりべりー。

近くにいたひとがぎょっとして振り向いたから、空耳ではなかった。三秒後、激烈な痛み。まもなく歩けなくなった。象の足みたいに腫れる足首を見ながら、ああやってしまった……しょんぼり悲しかった。

左足首前距腓靱帯損傷、全治一ヶ月。

整形外科に駆け込むと、レントゲンで骨折していないことを確認したのち、左足首が九十度に固定され、包帯でぐるぐる巻きにしたのちギプス状態。もちろん靴も履けない。「松葉杖をお貸しします」と医師に言われたけれど、それは無理。十年ほど前、まな板が右足の親指を直撃して骨にヒビが入ったことがあり、松葉杖を勧められて試したら、予想以上に腕の筋力が要求されてへとへと、断念したことがある。弱り目に祟り目というか、松葉杖にもダメ出しされ、さらにがっくり。そんなわけで、歩行用の簡易フットカバーを病院で一個購入した。

左足の膝から下が固定され、歩行できない。十分の一の速度なら歩けそうだが、とにかく固定、何が何でも固定ですと医者が言う。これ、ちゃんと守ってもらわないと、靱帯が緩んだパンツのゴムみたいになって、すぐ捻挫しやすくなりますからね。

長年、毎日一万歩くらい歩いている身にとってはつらい試練だ。梅雨が来る前に思うさま歩きたい。でも、緩んだパンツのゴム化するのも避けたい。

おなじ物書きの友人に報告したら、彼女が慰めてくれた。

「バレリーナだったら絶望するところだけどさ、あたしたちは仕事できるところが助かるよね」

そうだね、その通りだね。

腹は括ったつもりになったが、べつの角度から恐怖がやってきた。

歩行激減→消費カロリーの激減。

その結果として、体重の激増を招くのだけは避けたい。思うさま歩いたり運動したりしていた昨日までとおなじ食事を続けていたら、マズイ。ただでさえ、いったん数字が増加したら数年前より明らかに減りにくくなっているわけで、ここはなんとしても。

冷静に考えてみた。基礎代謝に相応するカロリー摂取なら問題ないはず。ただ、ダメージを受けて基礎代謝も低下しているに違いなく、少なめに見積もって、いつもの自分の食事の半量を目安にしようと考えた。動けないぶん、消化吸収がよく、食物繊維の多い食材も大事なはず。

これはいいかもと直感した一品が、酢の物だった。

きゅうり、セロリ、みょうが、ピーマン、トマト、わかめ、じゃこ……適当に三種類ほど組み合わせて酢の物に仕立て、どっさり食べて主食にする(食糧の買い物は、メモを渡して連れ合いに頼んだ)。酢の物は食欲を上手に抑えることに気づいたのも収穫だった。この〈夜は酢の物大作戦〉を導入した結果、ななんと一週間で一キロ減を達成してしまった(転んでもタダでは起きない自分に涙)。

十日後、ようやくテーピングに移行。足首をかばいながら、超低速でのろのろ歩行できるようになった。

6月10日(木)　日にち薬

左足負傷、半月め。

最初の一週間はギプス→次の一週間はテーピング→現在、足首のサポーター。じりじりと移行してきたのだが、歩行速度は1／2の出力状態だ。まだむくみの残る左足をかばいながら、そろりそろり歩いている。

そんななか、久しぶりにRさんに会った。彼女は数年前、足の小指をひどく骨折して歩けず、数ヶ月の休職を余儀なくされた経験がある。私も足の親指の骨にヒビが入ったことがあるので、トホホな毎日は身に覚えがある。

ヨレている私を憐れんで、Rさんは言った。

「想像以上につらいですよね、足の怪我は。なにが悲しいって、つい自分を責めちゃうんですよ。あのときもう少し注意していたら、とか、足を置く角度がちょっと違っていたら、とか」

図星だった。べりべりべり～と悲惨な音響とともに靭帯が剝がれた瞬間の情けない身体のぐらつきが、半月経っても後悔とともに消えない。

そうなのよね、どうも元気がでなくてね、と言うと、Rさんが力を込めて言った。

「日にち薬なんですよ、結局は。骨折も靱帯損傷も、怪我は日にち薬に頼るのが一番の治療なんだと思います」

はっとした。

日にち薬という言葉を久しぶりに聞いた。

一日一日を重ねることしか、怪我が快方に向かう近道はない。むやみに焦らず、おとなしくじっと待つのが最良の手立て。ここはひとつ、日にち薬に頼りながら自家発電の再開を待とう。足の怪我の先輩と話をしてから、そんなふうに考えるようになった。

怪我してから続けているのは、〈夜は酢の物大作戦〉である。歩いたり運動したりできないのだから、昨日までと同じように食べていれば確実に肥える。体重計の数字が増えるときは一瞬、しかし、数字を減らすのは大仕事。恐怖に駆られ、その対策として、夜は炭水化物を食べず、酢の物をどっさり食べることにしたらスルスル〜と一キロ減ったので、とりあえず安堵していた。

でも、日にち薬の功能に気づくと、あれ、待てよ、と思った。怪我をした翌日からずっと、なんとなく気分も冴えないし、そんなつもりはないのに鬱々としがち。ときどき猛烈な眠気に襲われるし、そもそもたいして食欲があるわけじゃない。しきりに低速運転に向かいたがっているのは、むしろ日にち薬の効き目ではないかしら。

酢の物がやたらおいしく感じられることにも、合点がいった。酸っぱいから食欲が刺激され、あっさりとして食べやすい。そうか、酢の物も日にち薬だったのか。

むかし飼っていた猫の様子を思いだしていた。調子の悪いとき、猫はいつも部屋の隅で鞠のように丸まって寝ていた。ときどきむっくり起き上がって水を飲むくらいで、餌には見向きもしない。こんなに食べないままで大丈夫だろうかと心配になって、奮発していつもと違う缶詰を奢ってみても、やっぱり手をつけなかった。

あわてず騒がず、じっと寝て回復を待つ動物は、本能的に日にち薬の力を知っているのだろう。猫に学びたい。

6月25日(金)　ふきの変貌

「ちょっと待ってー」

背後の声に気づいて振り返ると、さっき立ち話して別れたばかりの友人が自転車を漕ぎながら、息を荒くして追ってくる。

「どうした!?」

「いったん家に戻って、これ、ひっつかんで追いかけて来た」

まだ足の怪我が残ってるからゆっくりしか歩けないでしょ、遠くには行っていないだろうと思って、と言いながら「これよこれ」と指差す。

自転車の前カゴから突き出ている、丸裸のままの、緑の長い束。

「ふき?」

「そう、採れたてのふき。親戚が箱に詰めて送ってきたの。半分持ってってもらおうと思って」

えー、こんなにたくさんいいの?と訊くと、苦笑いしながら「うれしいんだけど、あいにく忙しくて、ふきを相手にする余裕がないのよ」。だから助けてねと言い、ふきの束をごっそり、私のエコバッグに移してくれた。

ざっと二十五本、長さ五十センチもあるふきの重みを肩に食い込ませながら、帰り道に思った。

さっきの苦笑いには覚えがある。

春に、わらびのあく抜きをしたときのこと。山菜だ!とうれしくなり、八百屋で手を伸ばしたまではいいけれど、路上での勢いがうまく台所に繋がらず、〈重曹を入れてゆがき、ひと晩浸け置く〉作業を先延ばし。横目でわらびを見ながら数日放置してしまい、わらびは少しずつしなびていき、情けない思いをしたのだった。

帰宅するなり、頭をカラにして作業に取りかかる。

①ざっと水洗いし、まな板の上に並べて塩をふりかけ、板ずり。

②鍋の直径に合わせて切り、ゆがく。

③水に取り、冷ます。
④切り口ぐるり、とっかかりを少し剝き、まとめて指でつまんで引き下ろして皮を剝く。
⑤食べやすい長さに切り分ける。

板ずりするのは、あとで皮を剝きやすくするため、ゆでたとき色鮮やかに仕上げるため。鍋の直径に合わせるのは、皮を剝くとき、長ければ長いほど一気に剝けて楽……ふき相手の仕事にはいちいち合理的な意味がある。そんなコツを、一年ぶりのふきが思い出させてくれた。

あの爽快感が、たちどころに指先に戻ってきた。ふき仕事の最大の山場、それは皮を剝くときに訪れる。

先端一センチほど剝いてとっかかりをつけ、薄い皮を指でまとめて下までピーッと引き下ろす。密着して絡まったラップがいっぺんに剝がれたような。針の穴に糸が一度で通ったような。透けて見えるくらい薄いのに、途中でけっして途切れず、ツワモノが一気に剝ける達成感が痛快だ。セロリの筋取りにも似ているけれど、いや、はるかに及ばない。

たちまち夢中になった。剝いた薄皮が蔓みたいに丸まって溜まるのもうれしく、いつまでも剝いていたい。気がついたら、あっというまに二十五本分終了。まだまだ剝きたい。

自転車の前カゴに刺さっていた荒々しい緑の束が、麗しい翡翠色を帯びていた。華麗な変貌に目を見張りながら鍋を取り出し、ふきと油揚げの油炒めに進んだ。

7月1日(木) 待ってました

長いトンネルのなかの一週間が終わった。後半、仮眠する以外はずっと机に向かって書き続ける、そんな生活。

よかった……間に合った……しかも約束の締切一日前……ゴールと同時にへなへなと崩れ落ちながら、そっと指を伸ばしてパソコン画面の「送信」をクリック、汗と涙の詰まった原稿の束を送り終えた。

籠城生活のさなか、ちらりちらり、視界を横切る白い影があった。ついに妄想が来たかと身構えたけれど、いや、そうじゃない。

尻が丸くて頭の尖った白い影の正体。

それは新にんにくだった。

いまぎりぎりのタイミングなのだ。この窮地を抜け出た頃には、姿を消しているかもしれず、もしそうなら、あと一年指を折りながら待たなくちゃならない。うっすらと懸念は抱いていたものの、トンネルに突入する数日前から気持ちの余裕がすっ飛んでしまい、新にんにくどころではなくなっていた。

五月中旬から六月末あたりまで、畑から掘りたての新にんにくが八百屋の棚に並ぶ。採ったばかりの乾かしていない新にんにくは水分をたっぷり含んで柔らかく、いつものにんにくとは別物だ。火を通すとしっとりシルキーな舌触りで、ちょっと百合根にも似ている。香りにしても、ふんわりと奥床(おくゆか)しい。

無事にトンネルを抜け出たら、急に新にんにくの白い影がリアルになった。風呂に入ってしばらくぼんやり休憩し、さっぱりした顔になって八百屋に行こう。

八百屋の軒先で、呪文のようにつぶやいてしまった。

「まだ新にんにくある？　ある？」

よっぽど切羽詰まった顔をしていたらしく、馴染みのお姐さんが苦笑しながら「あるわよ、ちゃんと。ほらそこにたくさん」。指差す先を見遣ると、まろやかな白い山がこんもり重なっている。白い皮の奥からうっすらと浮かぶ紫色の繊維があでやか。この独特の色彩美を見るのも一年ぶりだなあと目を細めた。

一個、二個、三個……とうとう七個もカゴに入れたのは、新にんにくが買えたらどうしてもつくりたいものがあったから。普通の乾かしたものでもつくれるけれど、新にんにくでこしらえる優しい風味はちょっと世界が違う。

欲望の火を燃やす相手は、にんにくのピュレ。とろんと柔らかな白いクリームをバゲットに塗ったり、焼いた肉に添えたり、蒸し野菜につけたり、ワインが進んで困るのが玉にキズ。にんにく好きでも、そうでなくても、上品な香りが鼻孔に忍び込んでくると食欲の華が咲きます。

つくりかたはびっくりするほど簡単。にんにくを懐柔する感じもたまらない。にんにくってこんなに性格がよかったのねと感動するはずだ。

目安を紹介します。

【材料】

新にんにく15片（3玉くらい）　オリーブオイル大さじ1〜　牛乳小さじ1〜2　塩、こしょう

【作り方】

①沸騰した湯に皮つきのままにんにくを入れ、15分ほどゆでる。

②ざるに揚げて湯を切る。

③指で薄皮を押し、つるんと中身を出してボウルに入れる。

④フォークの背で潰し、オリーブオイル、牛乳、塩、こしょうを加えてなめらかにする。

この日、うれしさのあまり七玉を全部ゆでて潰し、小さな瓶詰めをたくさんつくった。指で舐めると、トンネルを抜け出たご褒美の味がした。

7月10日(土)　カレーと新宿

その貼り紙を見かけたのは、たしか六月に入った頃だった。新宿の紀伊國屋書店の地下通路。一枚の貼り紙が目に飛び込んできた。「耐震補強工事にともない、地下一階の九店舗を閉店します」という内容の告知で、閉店は七月十五日。

そうか、紀伊國屋ビルの地下名店街も消えてしまうのか。ここも新宿の街の風景のひとつだと思うと猛烈に名残惜しく、鼻の奥がつんとした。

新宿らしい、とても好きな場所だ。細い通路の両側に雑多な食堂が並ぶ一角でありながら、歩行者が往来する小路でもある。新宿駅東口を出て地下道を歩き、新宿三丁目や歌舞伎町方面へ抜けるために紀伊國屋ビルの地下の小路を使うことがある。そのときだ、カレーの匂いがぷうんと鼻先を抜けるのは。新宿東口の匂い、書店の地下の匂い。十八のときから折々に嗅いできたから、鼻の粘膜に染みついている。

この地下街はカレーの激戦区だった時代もある。むかし紀伊國屋書店の階上（四階だったと記憶している）にあった喫茶店「ながい」が突然地下に移り、カウンターだけのカレーショップを始めてから、カレーの匂いがこの小路に渦巻いていた。現在、カレーの店は「モンスナック」と「クローブ」の二軒が残っている。

お局さまの「モンスナック」は一九六四年創業、紀伊國屋ビルの竣工と同じ年に生まれた。「元祖サラサラカレー」と呼ばれたりもするカレー専門店で、東京オリンピックの年に新宿にお目見えしたのだから「サラサラカレー」は時代に先駆けた新しい味。さらさら・しゃばしゃばのカレーの海原にご飯の島が浮かぶ光景を初めて見たのは二十代だったが、新宿と紀伊國屋とカレーがぴたりと重なって強烈だった。デコラ張りのコの字型のカウンター、一本足の丸いスツール。スプーンを持つと、自分も新宿の一部になった気がした。

紀伊國屋ビルの階上には、紀伊國屋ホールがある。つかこうへい作「熱海殺人事件」を観たのもここだ。忘れがたい芝居や落語やコンサートが山ほどあるけれど、いやしかし、いまはカレーの話である。

「モンスナック」には、紀伊國屋ホールとの縁でいろんなお客が訪れた。狭い店内の壁面に色紙がずらり飾ってある。

「思案がつきたら
カツカレーをたべて
寝るのが一番
僕の紀伊國屋の食堂で　　井上ひさし」

生卵入りカレーライス　　　　　　　　永六輔」
「いつまでも……　　　　　　　　　　佐藤B作」
美味感謝です!!　　　　　　　　　　宇梶剛士」
「舞台がなくても来てしまう……旨
美輪明宏、船越英一郎、柄本明、角野卓造、宮川大輔……何度眺めても黒マジックの文字に飽きない。

揚げたての熱っつい（薄い）カツがのっかったカツカレーを最後に食べたのは二年くらい前、伊勢丹で買い物をした帰りだったな。

地下なのにどこか開放的な空気は、そもそも紀伊國屋ビルの建築構造によるものだ。建築を手掛けたのは、ル・コルビュジエに師事した建築家、前川國男。二〇一七年には東京都の選定歴史的建造物に選ばれ、一九年から着々と耐震補強工事が進んでいる。いったん「モンスナック」ともさようなら。これも、建物が生き長らえるための新陳代謝だ。

8月8日(日)　きゅうりを干す

猛暑に息切れしながら、毎朝の洗濯がささやかな愉しみである。

天気予報の晴れマークと雷雨予想を確認、ああ今日も三十三度超えか、体力を削られるな、などと思いながら、とって返して寝室に向かい、ベッドのシーツをひっぺがす。ついでに枕カバー、タオル、洗えるものはもっとないか、と家中を睨め回す自分は、「泣く子はいねがー」とニラみを利かすなまはげに似ている。

干せば、からからに乾く。

この振り切った全力疾走がいい。一点の曇りもなく、堅焼き煎餅みたいにぱりっと乾いた洗濯物は真夏の快感だ。

ただ、干すとき、ひと手間欲しい。面倒だと思ってしまえばそれまでだけれど、〝これはほんの先回り〟と呪文を唱えれば万事OK。干す直前、洗濯物のミシン目に指を当ててピーッと引っ張り、生地を平らに均して皺を伸ばしておくのである。これさえやっておけば、夏の陽射しがアイロン掛けまですませてくれる必勝パターン。ハンカチ、シーツ、Tシャツ、コットンパンツ、ぱあんと太鼓を鳴らして、よし首尾は上々、勝つ気まんまんの勝負師の気分だ。

夏場、しょっちゅう干すものがほかにもある。

きゅうり。

え、新鮮なきゅうりをわざわざ干すの？　と不審に思われるかもしれませんが、干します。半日干せば半日分、三日干せば三日分、干す長さによって顔つきも持ち味も変わるところがまた一興で、夏は干さずにはいられない。

最初は、余ったきゅうりの対策として干したのだった。出盛りの野菜は、鮮度と安さに惹かれてまとめ買いしがち。テンポよく使っていけばいいのだが、うっかり躓いてしまうこともある。そういうとき、とりあえず「干す」を導入し、きゅうりと自分に救けの浮き輪を投げ入れる。

技はなにもありませんが、メモ代わりに基本の干し方を。

①きゅうりを一センチくらいの輪切りにする。

②ザルに間隔を置いて並べ、風通しのいい場所に置く。

「基本」と書いたのは、縦半分の棒状に切ったのを干す場合もあるから。このときはタネの部分をスプーンでシューッと削ぎ落としておくと、水分が早く抜けて乾きがいい。

洗濯物は取り込んで畳めば一件落着だけれど、きゅうりの場合は、干したあとにうれしい余禄がついてくる。わずか一日でも、洗濯物の隣でほどよく乾いたきゅうりは、ポリポリカリカリ度が上がる。そもそも、きゅうりの成分の大半は水分だ。

二、三日干すと、しゅうと縮んだ輪切りの周囲が緑色のフリルみたいになってくる。しなびた表情ひとつひとつ、笑ったり泣いたり怒ったり、絶叫していたり、百面相。これをそのまま（せっかく干したのだから、洗っちゃだめですよ）肉といっしょに炒めたり、油揚げと煮たり、味噌汁に入れたり、なんにでも使う。棒状に切って干したときはズッキーニと同じ扱いと心得る。

けっこう気に入っているのが、五日くらい干してかなりしょんぼりしたヤツをそのままビールのつまみに齧るというもの。とくに塩をふりもせず、乾いたシワいのをそのままポリポリ。あんなにみずみずしかった当初の勢いは消え去り、しんねりむっつり縮こまっているのだが、なかなかどうして味わいは深い。

干すと、いろんなことが起きる。

8月27日(金)　いわしバターを自分で

缶詰がブームになるなんて想像したことさえなかった、もう二十年以上まえの話だ。とあるデザイン事務所を、たしか仕事の打ち合わせのために訪ねた。ミーティング用に使われている大きなテーブルについて話していると、顔見知りのスタッフのF君がやってきて、「ちょっとだけいいすか」。テーブルの向こう側の端っこに立って、遠慮がちに言う。

「遅い昼めしなんです。すぐ終わります」

「どうぞどうぞ」

事務所でひとつだけの広いテーブルだから、いつも多目的に使われているらしかった。

とくに気にもかけず、仕事の話に戻っていると。

　ぱかっ、しゃーっ。

　ちょっと場違いの、空気を裂く鋭い音。

　いまのはなに？

　とっさに首を回してF君の手元に視線を走らせると、そこには意外なモノがあった。

　半分引き上げたふたの下、整然と並ぶ小さないわし。

　オイルサーディンの缶詰である。

「それ、お弁当なんですか」

　おずおずと訊いた。すると、私のすぐ隣に座っている先輩スタッフのMさんが「そうよ。あの缶詰、F君の大好物だから」。

　驚愕の波はもう一度やってきた。

　慣れた手つきで缶詰のふたをしゃーっと三分の二ほどめくり上げたF君は、近所のパン屋で買ったらしいコッペパンの脇に指をぐぐと入れて押し開き、いわしの尻尾をつまんでざくざくと押し込む。あらかた並べ終えると、パンの上下をぱたんと閉じ、油に濡れた指をちゅっと舐めた。ここまで一分とかからない、無造作にして華麗な作業のひと流れ。

　オイルサーディンのサンドウィッチだ。バターもマヨネーズもマスタードもない、コッペパンにオイルサーディンをただ並べただけの簡素な食べ物は、めっぽう男っぽく、サンドウィッチの枠に収めるのは違う気がした。ひょろっと背の高い、いつも無口なF君が急に映画の主人公に昇格して、黙々とコッペパンに齧(かじ)りついている。飲み物は、パン屋でついでに買ってきた牛乳だった。

こんなかっこいい弁当風景を見たことがなかった。かばんのなかに一個、ぽんと放り込むだけの思い切りのよさ。持ち運びの合理性。じゃまにならない小ささ、軽さ。その缶詰をたちどころに自分の弁当に仕立てるアイディアに、私はシビレた。いや、F君はアイディアだなんて思ってもいないはずだ。ただオイルサーディンが好きだから、昼にも食べたい。とはいえ、それだけでは腹持ちがよくないから、パンにはさむことにした——そんなところなのだろう、たぶん。

いまも、オイルサーディンの缶詰を見ると、F君がパンを頬張る姿がちらっと蘇ってにやりとする。四角い缶のなかで身を横たえるいわしにしても、けなげで、実直で、律儀で、感謝の気持ちでいっぱいになる。小さな一尾一尾に充満するみっちりと濃密なうまさを、文句なしに讃えたくなるのだ。

オイルサーディンには、つねに感嘆させられる。バーのカウンターで、缶詰ごとコンロの火で焙った熱いオイルサーディンが現れたときも、そのかっこよさに息を飲んだ。

缶詰の下に、まっ白い紙ナプキンと皿。オイルサーディンという食べ物が醸す完結感は、いつだって無敵だ。

私の偏愛するオイルサーディンものがもうひとつ、ある。これをたっぷり塗りたくったバゲットに齧りつくときは、冷たい白ワインの一杯が欲しくなる。

いわしバターと呼んでいる。

ぴっちり瓶に詰めて冷蔵庫で保存すると、一ヶ月は十分持つのもうれしい。

作りかたはとても簡単だ。

油を切った缶詰のオイルサーディンをそのままボウルに移し、レモン汁を数滴かけてから、フォークの背で粗く潰す。室温に戻した柔らかなバター、黒こしょう、塩を加え、全部をなめらかに混ぜ合わせる。オイルサーディンひと缶に対して、バターの分量の目安は四十グラム弱くらい。

バターのなかに姿を消しても、オイルサーディンは負けない。まろやかな黄色のバターをシブい銀色に変え、がつんと骨が一本通った味。だから、そっけなく〝いわしバター〟と呼びたくなるのだ。

コッペパンにも、食パンにも似合わない。パンのほうがあえなく押し倒されてしまうから。いわしバターが合う相手は、なにがなんでもバゲットである。

フランスの伝説の流行作家、コレットが書いた本（『コレットの地中海レシピ』村上葉

編訳　水声社）を読んでいると、このいわしバターを塗ったパンのお弁当が忘れられないと書いてあった。

「お皿もナプキンもなく、二つのタイヤが友の、自転車旅行のお昼ごはんはすばらしかった」

短く添えられたレシピに、いわしバターは「かりかりに焼いたバゲットパンにぬりこめる（タルティーヌする）」とある。

そう、タルティーヌ！　いわしバターをナイフでぐいぐい塗り込める。半割りに切ったバゲットの生地に深く塗り込むと、海を泳ぐいわしが息を吹き返す。

Ⅲ　ほや飯を炊く

緑のツブ

やっかいな感情のひとつに「気がすまない」というのがある。

私の友人に、「旅に出たらソフトクリームのスイッチが入り、ご当地ソフトクリームに手を出さないと気がすまない」と言う者がいる。「おばちゃんがソフトクリーム売り場にダッシュするのもどうかと思うけど、たまに珍品名品に遭遇するので止められないのよ」。北海道・厚岸（あっけし）でオイスターソフト、三陸でわかめソフト、淡路島の玉ねぎソフト、高知でかつおソフト……いやホント、確かにそそられる。私は、宮城でふかひれソフトに出くわしたことがあるのだが、白いクリームの内部に点在する金色のにょろにょろ（ふかひれのクズらしかった）の衝撃が強すぎ、二十年以上前の光景なのに忘れられない。

「気がすまない」が発動されたら、自分で自分にかける迷惑の場合、むだに抗わず欲望のまま突き進めば、きっと小さな幸せがやってくる。

六月中ずっと、山椒の実に振り回されていた。山椒の実が出回る時期は短く、例年六月の数週間だけ。八百屋の棚でも目立たないし、そもそも仕入れていない店もあるから気が抜けない。

十センチほどの小さなパック、緑のツブがみっしり詰まって二百五十円足らず、これを三パック買ってくる。すでにこの段階からして、三パック買わないと「気がすまない」ので、とにかく黙って三パック買います。

山椒の実の仕事はこんなふうだ。

さっと水で洗い、鍋に入れて七、八分ゆでたあと、たっぷりの水に浸けて二時間ほどさらす。そのあと、小さなツブを小枝から指で外す。

小瓶に入れ分け、オリーブオイルを注げばオリーブオイル漬け、醬油を注げば醬油漬け、塩をふりかければ塩漬け。水気を飛ばしてよく乾かしたのを小分けにして、冷凍しておいたりもする。

むずかしいことはなにもない、のだが、「ツブを一個ずつ指で外す」というちまちまと細かい作業が待っている。火を通した実は簡単にぽろりと外れるものの、一パックの実の数はざっと数百、カケル三。大きなボウルに入れた小枝つきのツブを一個ずつ拾い上げ、ちまちま、ぽろぽろ、黙々と。無の境地といえば聞こえはいいけれど、粛々と進めること小一時間、残り少なになって解放が近くなると、心底ほっとする。

なのに、一回につき三パック分すませたら、数日置いてまた同じことをやりたくなってしまう。ちまちまとした作業は苦手だし、憑かれたように山椒に手を出す自分を持て余しているのに、六月中に四セットもやってしまった。

その理由に、自分でも納得してはいる。ナマの山椒の実は六月にしか手に入らないから、一年分をキープしておかなくちゃならない――これが原動力だ。

牛すじ煮込み。じゃこの佃煮。山椒の実と青じその炒飯。肉野菜炒め。麻婆豆腐。ざっくり刻んでステーキやパスタのソース……直径三ミリほどの緑のツブの、びりりと爽快にシビレる刺激を手放したくない一心である。

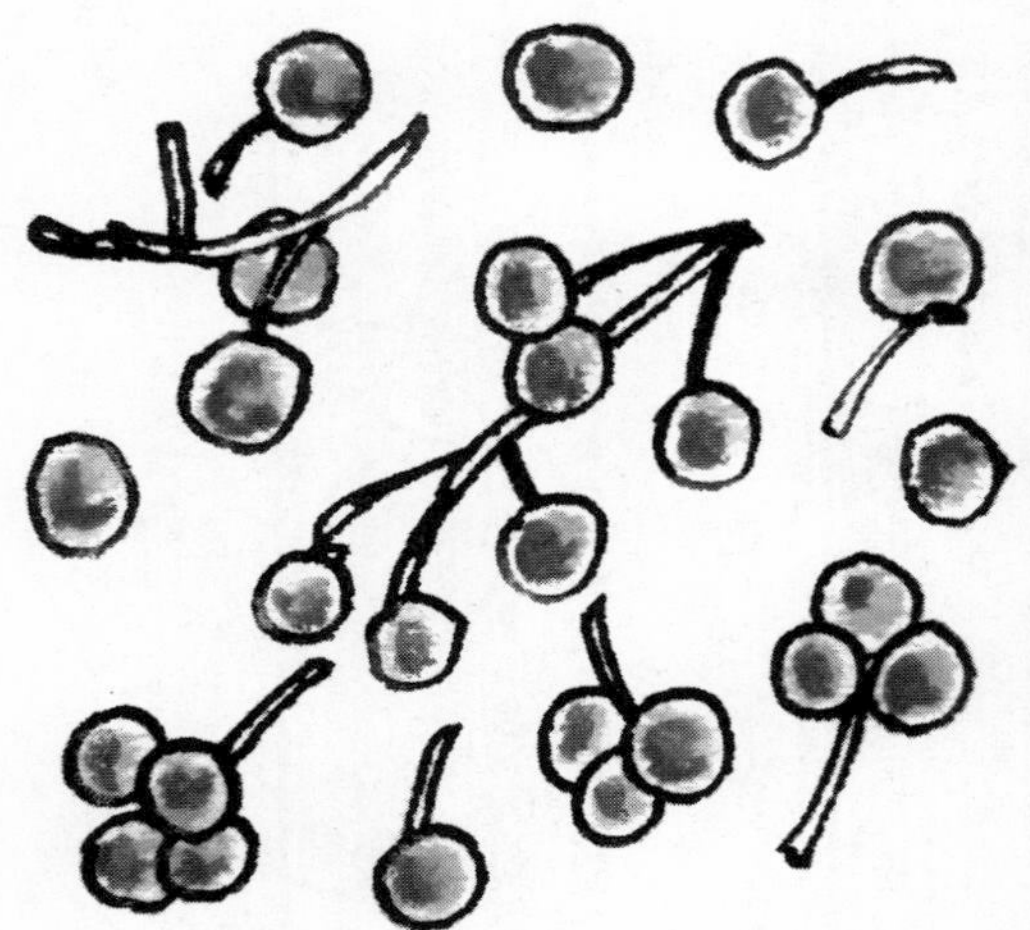

新しい肉焼き

なかなかの発見があったので、さっそく報告します。〈ひとつの鍋で〉〈ステーキ〉と〈つけ合わせのじゃがいも（皮つき）〉を〈同じタイミングで仕上げる〉方法です。なんてことのない話に聞こえるかもしれませんが、私にとってはコロンブスの卵に等しかった。

フライパンではなく、ステーキを「鍋で焼く」。これが、今回の話の導入部である。

肉を焼くとき、フライパンを使わなくなって三年ほど経つ。さあ今夜はステーキだ、肉を焼くぞ、というとき、おもむろに取り出すのが煮込み用の深鍋だ。蓋つき、厚手、ホーロー鍋（私が使っているのはル・クルーゼ、直径二十四センチ）。当初は微妙な違和感がつきまとい、「邪道」「珍妙」というフレーズも浮かんだものだが、いっぽう、鍋で焼く唐突感は楽しく、出来映えも右肩上がりになっていったから、自分なりの肉焼きの進化だと考えてもいいよねと思うようになった。

鍋に切り替えた理由がある。

熱をたっぷり蓄えた鍋を、コンロの上のオーヴンとして考えればいいんじゃないか？

肉焼きの基本は、それがどんな肉でも、まず周囲にしっかり焼き色をつけて焼き固め、うまみを逃がさないことが第一条件だ。プロはたいてい、まずフライパンで焼いたあと、オーヴンで火を入れる。その道理はわかっていても、コンロとオーヴンの二刀流の手間が、家庭ではどうもちょっと（はっきり言えば面倒）。

手間を省きたい。食い意地は譲れない。ふたつをどうにか成立させるために編み出した私の肉焼きは、

①鍋でこんがり両面を焼く
②蓋をずらして掛け、鍋全体が蓄えた熱を生かしながら火を通す

蒸気が内部にこもらないよう、蓋の開け具合さえ気をつければ、鍋は手軽な簡易オーヴンに成り代わることに気づいた。三畳紀からジュラ紀。

さて、いよいよ今回の進化について話したい。

北海道から掘りたてのじゃがいもが到来したので、腕まくり。肉じゃが、マッシュポテト、チヂミ、ハッシュドポテト……あれこれ進んだところで、ひさしぶりに肉焼きの日がやってきた。この流れだもの、ステーキのつけ合わせは焼きじゃがで決まり。皮つ

きのまま縦四つ割に切り、フライパンで焼こう。

いつものように、鍋で肉を焼き始めた。この夜はラムチョップ。リブの骨が長く伸びている、牛肉なら〝トマホーク〟（斧）と呼ばれる部位。

肉の周囲の脂を鍋肌に押しつけてじゅうじゅう焼いていると、透明なラムの脂が鍋底に流れてくる。きれいな香ばしい脂だな。感激していたら、気がつくと、皮つきのじゃがいもを鍋に放りこんでいる自分がいた。

ラムの両面はこんがり焼け、七分くらい火が通っている。いつもなら、蓋を半分掛けて焼き切るところなのだが、このとき思いついた。

じゃがいもを鍋に敷き、その上に肉をのせ、肉を休ませながら火を通してみよう。ジュラ紀から白亜紀へ。

皿の上に、骨のきわまで火の通った香ばしいラムチョップ、ほくほくの皮つきじゃがいも、山盛りのクレソン。ひとつの鍋のなかで同時に完結する。

私のブーメラン

手持ちの鍋釜はできるだけ減らしたいと思うのだが、ブーメランのように再来したものがある。

正直に告白すると、二十年くらい前、「もういらない」と一度捨ててしまった。みすみす能力を見過ごしたのだから、だめだろ自分！とツッコミを入れたい羞恥の成分が逆に畏敬の念を盛り上げるという、ちょっと厄介なことにもなっている。

バウルー。

知っているひとは「なんだアレか」と拍子抜けするかもしれない伝説のホットサンドイッチ・メーカーだ。いまキャンプ飯でもブームが来ているらしく、マルチな使い方を指南する本まで数冊出ているのだから、まったく侮れない。

とはいえ、ものすごくシンプルな道具です。ぱたんと開閉するだけ、幅十五センチもない長方形で、厚さ四センチ弱、軽いアルミダイキャスト製。中心に仕切りアリ、仕切りナシの二種類、どっちも値段は五千円足らず。

この道具に出会ったのは二十代の頃で、ホットサンドイッチというパワーワードに惹かれて買った。ブラジル・サンパウロ州、バウルー村出身の青年が学生寮で使っていたホットサンドイッチの道具がブラジル中に広まり、それを日本人がお土産に持ち帰ったことから日本バージョンのバウルーが一九七〇年前後に誕生したという話も、当時すでに知っていた。たぶん商品説明の紙に書いてあったんじゃないか。

名前というのは縛りも作るようで、〃サンドイッチ用〃という枠を勝手に固定してしまった。チーズとハムをパンの間にはさんでぱたんと閉じ、コンロに置くだけでチーズとろり、きつね色の熱いサンドイッチが簡単に焼ける。ハムとチーズの代わりに昨日の残りのカレーを挟んだら熱いカレーパンが現れたときは、心から感動した。昭和三十年、東芝の電気炊飯器が現れたとき、母たちが味わった感動になぞらえたいくらいに。でも、飽きちゃった。新鮮味が薄れてしまえば、ホットサンドイッチはしょっちゅう作るものでもなく、最初の興奮はしだいに萎み、数度の引っ越しに紛れて、いつのまにか姿を消した。

ああバカだった、惜しかったと思う気持ちがどこかに燻っていたようだ。十数年経ち、偶然行き遇ったバウルー（仕切りアリのダブルタイプ）に、私はおずおずと手を伸ばした。

そしたらバウルーは神だったのです。変化も進化もないところもタダモノではない。もちろんホットサンドもつくる。しかし、その奥に隠されていた、いいや、私が気づけなかった機能がざっくざくとお宝のように現れる。

最近の報告をいくつか。

目玉焼き↓左右に一個ずつ割り入れ、パタンと閉じて両面焼くと、同時にふたつ四角い目玉焼きができる。

焼き野菜↓ブロッコリー、ピーマン、かぶ、大根、にんじん……何でも切って入れ、数分で蒸し焼き。

焼きおにぎり↓内側はフッ素樹脂加工だから、くっつかずカリカリ。

焼き肉まん、焼き焼売↓蒸すのもいいけど焼くのもね。

豆腐焼き↓両面きつね色。

こないだ焼きそばバージョンを知った。広げて焼いた麵の上に豚肉がのっている写真を見て、自由な発想にたじたじとなった。

小さな大物が、アタマの柔らかさと生活技術を問うてくる。

ばらばら

そのひと手間が面倒くさい。

気が向かないといえばそれだけかもしれないが、理由は別のところに隠れている気もする……のだが、とにかく面倒なんだ。

つい先日も少々「おむづかり」のご様子の自分が現れた。

キャベツ半玉が残ったままだったので、あと数日は置いておけないなと思い、とりあえずせん切りにすることにした。つい数秒前までそんな気はさらさらなかったのに、キャベツを包丁で切ると手応えの確かさやざくざく音が快適ですよ、と脳の記憶がオススメしてきたらしかった。

ここで放置すると、十中八、九キャベツは悲しいことになるだろう。まだらな責任感に背中を押され、包丁に手を伸ばす。

まな板にキャベツ半玉の断面をつけ、安定した態勢を確保して、ざくざくざくざく
この切りたてをサラダにでも？　半歩進む気が浮上した。

……小気味いい感触はやっぱり心地よく、ほどなくボウル一杯のせん切りが溜まった。

え、ほんとに⁉

半歩下がって躊躇する。

ついさっきまでキャベツを切る気もサラダをつくる気もなかったわけだし、ちぎったパンとプチトマトと塩卵（いつも塩水に三、四個浸けてある常備もの）と白ワインで簡単にすませるつもりの、少し遅めのひとり分の夕食だったはずなのに、目前の急展開がどうも腑に落ちない。とはいえ、キャベツをせん切りにしたのも自分なのだった。

パタリと手が止まった。

せん切りの山を保存容器に収めて幕切れにしたかったのに、「せっかく」という悪魔の感情が発動され、目の前のキャベツに執着が出てしまった。

落とし前をつけなくちゃ。

とっさに手が動いた。

キャベツの一部を皿に移動する。

酢をたらり。

オリーブオイルをたらり。

塩をぱらぱら。

ドレッシングを分解したといえば聞こえがいいけれど、要素を別々にかけ回しただけ。ドレッシングをつくるのが面倒だと思うことがある。それは、三十分後の未来予想図を知っているから。小さな容器の肌に粘りつく油のしつこさが面倒だ。手間が大きいとか小さいとか、そういう問題ではない。――そんなふうに思いながら、キャベツのせん切りに味をつけた。

これ、いいじゃないか。

ばらばらの酢の味、塩の味、油の風味。口に入れる場所によって、酸っぱかったり、塩っぽかったり、オリーブオイルが香ったり、もうばらばら。ドレッシングは〝念入りに混ぜた「乳化」〟が必須条件なのかもしれないけれど、好きなようにやるさ。

ばらばらの味が十分楽しい。「適当」って、ほんとスッキリする。

「こうじゃなきゃいけない」という感情を揉みほぐすと、とても楽になる。

173　ばらばら

「丁寧」のゆくえ

つい先日、中国北部の郷土料理を出す店で食事をした。

中国通の友人たちといっしょだったので、話題は湖北省やら武漢やらの話になった。武漢には中国三大河のひとつ、長江が横切っているし、杭州の西湖と対をなす景勝地として東湖も知られる。あれこれ話しながらメニューを繰り、顔を突き合わせて、どれを注文しようかな。

「野菜料理はこれ」と意見が一致したのが、白菜の黒酢炒めだった。いいですねえ。白菜だけを炒めた黒酢風味というところが潔く、はやばやと食欲が刺激される。

その料理が運ばれてきた。白い大皿にしんなり、透明な黒酢あんをまとう熱い白菜の小山を見て、「あっ」と声が出た。

そうか、この切り方なんだな！

■白菜を大きめのざく切りにする。
■包丁を斜めに平たく当て、横に滑らせながら切る。

こうすると、ひとつひとつの断面が広くなる。斜め横切りは見栄えのためじゃない。すとんとまっすぐ切るより、断面の面積がはるかに広くなって、白菜の水分が外に出やすくなるのが斜め横切りの効果だ。水分がこもらないので、熱を加えても白菜の歯ごたえがしゃきっとする。

しゃきしゃきなのにとろっと柔らかいってすごいねえ。みんなで褒めそやしながら、また「あっ」と思う。

いったん湯通ししてあるんだ!

熱い湯でゆがいてあるから、炒めるときはあっという間、ぱっと黒酢をくわえるだけでいい。途中でじわーっと水分が外に出ないから、こんなにしゃきっと仕上がる。

すっかり納得して心を動かされ、その翌日、どおんと大きな白菜を買いこんで作ると、なるほど、まったく同じ味になった。必殺斜め横切りと湯通しの威力はすごい。

やたら感動すると、繰り返し作る癖がある。三日め、飽きもせず白菜の黒酢炒めを作りながら、私は、自分でも意外なことを考えていた。

いったんゆがくから、このしゃきしゃきの食感になる。でも、下ゆでというひと手間は「丁寧な暮らし」とか言われてしまうのだろうか。

そう思ったのには理由がある。脳裏に浮かんだのは「暮しの手帖」のこと。二〇二〇年二―三月号の表紙に、「丁寧な暮らしではなくても」と宣言している。新編集長の北川史織さんは、巻末にこう書く。

「丁寧であれ雑であれ、自分や他人の暮らしにそんなラベリングをしたくなる風潮って、なんだか不思議だと思いませんか」

「暮しの手帖」の編集に携わりながら、「丁寧な暮らし」というひと括りに違和感を抱いてきたとも吐露している。

いっぽう、これを揶揄する声もある。生活の細部を取り扱う「暮しの手帖」なのだから、「丁寧ではなくても」と旗を揚げるのは自己矛盾だろう、むしろ隘路にはまりこんでいる、と。

私は、そうは思わない。「丁寧」という言葉を呪縛として捉えれば、なにやら精神的な圧力が働いてややこしくなる。けれども、「丁寧」を〝役立つ技術〟だと置き直してみれば、採択の自由はこっちにあるという気になれるのではないかしら。

湯通しのひと手間は、面倒と思えばやっかいなもの。しかし、しゃきしゃきの超うまい白菜炒めを知ってしまうと、あらかじめ湯通しするひと手間は技術や手段に変わる。最終地点は食い意地の解決だとかんがえれば、「丁寧」の呪縛が解けてずいぶん気が楽になると思うのだが、どうだろうか。

私のSDGs

包丁を研ぐのが下手である。

居直っているのではない。長年、ろくな包丁研ぎができないことを恥ずかしく思ってきた。

砥石は持っている。確か二十五年以上前に買い直したもので、年代物の羊羹みたいな重量感は、ブッとしてとても好もしい。

ずっと台所の引き出しの一番下の同じ位置に鎮座中だ。おなじ引き出しに、雑巾代わりに小さく裂いたＴシャツの端切れの山、買い溜めのたわし、たこ糸など雑多なものを収めているので、ちらっ、ちらっと視野に入ってくる。でも、砥石を取り出すのは年に一度くらい。下手だからつい億劫（おっくう）になり、ああ研がなきゃと思うと石地蔵をおぶった気になるという悪循環。そんな自分を情けないと憐れむ気持ちもあり、どこかで糸が絡まってしまった。

いったん砥石を取り出せば、一連の流れが集中力を要求してくるのも、ちょっと足踏みしてしまう要因だ。まず小一時間ほど砥石を水に浸して水分を含ませ、そののち硬く絞ったタオルなど下に敷き、砥石をまっすぐのせる。包丁を握って横たえたら、刃を砥石に密着させたまま、わずかに角度をつけて起こし、十円玉の厚さくらいの空間をキープしながら一定の速度を保って、シャーッ、シャーッ、刃を滑らせて表裏を研ぐ。

キッチンばさみを使う頻度がめっきり増えたのも、包丁にたいして詰めが甘くなっている原因かなと思う。キレのいいキッチンばさみの威力につい頼ってしまい、海の向こうの偉大な活躍を考えると〝二刀流〟とか恥ずかしくてとても口にできないが、包丁とハサミの二本立てにも逃げこんでいる。

ひっそりと負い目を感じながら包丁を握っているから、その瞬間、パアッと光が射した。しょっちゅう通る道の途中、包丁研ぎの店が出来ているではないですか。

間口の狭い、簡素で小さな店。看板に「研ぎ小屋」とある。扉が開け放してあるので覗くと、男のひとがひとり、包丁研ぎに精出している。外から首を伸ばして訊いてみると、「その日のうちに仕上げますよ。何本でもどうぞ」と気やすい返事だった。

頼ろう。ぜひ頼りたい。そう思ったとたん、背中の石地蔵から解放されたような、めっぽう晴れ晴れとした気持ちになった。

一週間ほど経って、大小の包丁三本を新聞紙にくるんで持ち込むと、ハイと気持ちよく受け取ってくれ、「三時間後にはお渡しできます」と言う。もったいをつけない超スピードに、はやばやと感動した。いったん預けたら台所仕事が滞ってしまう包丁なのだから、スピードもサービスのうち。

夕方、受け取りに出向いた。

「ものすごく切れがよくなっていますから、最初は扱いに気をつけて下さいね。洗ったり仕舞ったりするときも」

親切に注意してもらいながら、そうだよな、切れなくなっていたんだなと思うと、またべつの恥ずかしさがせり上がってくるのだった。

その晩、長ねぎを切ってみた。スパスパスパスパ、いつまでも切っていたい。肉のかたまり、油揚げ、トマト、痛快極まりない。研ぎ代一本千円ほど、あっというまの見事な包丁再生。

わが町、わが家のＳＤＧｓである。

ちょきちょき

はさみを使わない日はない。

封筒や宅配物の包みを開けるとき。届いた荷物にがっちり貼りつけてあるガムテープを切ったり、剝がしたりするとき。最近はビニール袋入りの郵便も増えてきたけれど、開封口にミシン目がついていても、結局、はさみをピーッと走らせたほうがずっと早い。毎日あれこれ届く郵便物の開封・開梱は、まずはさみを握るところから。

もう一本、大事なはさみがある。

「開ける」役目だけではないのが、台所のキッチンばさみ。コレなしではやっていけないくらい、包丁と同格の位置にまで登り詰めたのだが、使い始めた当時は、まさかここまで第一線に立つなんて想像もしなかった。

最初はおっかなびっくり買い求めた。パンの袋の口とか、玉ねぎ三個を詰めたビニール袋とか、チョンと切るだけのためにキッチンばさみなんているのかな、と思いながら。かといって無駄な道具でもない気がして、なんとなく買ってみた。台所仕事にもそれなりに馴れてきた三十歳頃、キッチンばさみという新しい道具を持つことがうれしくもあった。オールステンレスの分解して洗えるタイプの一本で、確か二千円もしなかったから、キッチンばさみって案外安いんだな、ちょっと意外な気がしたこともなぜか覚えている。

使い始めると、袋の口を切って終わるだけじゃないと少しずつわかってきた。蒙を啓かれたのは海苔を刻むときで、それまで指で細かくちぎっていた（まな板に置いて刻むと、完全に乾いていなければすぐ湿ってしまうのが鬱陶しかった）のに、はさみを握れば、空中で幅一ミリの芸当。工作感覚もうれしかった。

なのに微妙な二の足踏みの気分を払拭できなかったのは、〝料理は切れ味のいい包丁使いで勝負！〟みたいな呪いが掛かっていたからだ。自分で自分のジャマをしていたのは、思い込みとか、ヘンな美意識とか。

呪いを解いてもらったのは、じつは韓国だった。焼肉屋に入ると、それが牛肉でも豚肉でも、焼けた肉をトングで持ち上げてお客の目の前でバッサリ、じょきじょき切り分けてくれる。実利優先のミもフタもない光景だなと思いながら見ていたが、よく考えれば、スピーディさ、無駄のなさ、手軽さ……焼肉とはさみは最良のコンビなのだった。

だめ押しが、キムチ。

キムチをまな板にのせて包丁で刻むと、赤唐辛子の赤がまな板に染みつくけれど、キッチンばさみを導入すれば一気に問題解決だ。引き上げたキムチに直接はさみを入れて、使うぶんだけ切ったり、ボウルに入れてチョキチョキ刻んだりもする。

はさみを使えば、勝ちの決まった空中戦。手強い冷麺もイッパツだ。

新聞紙を広げ、アジやイワシの頭や尻尾を切る。

椎茸の軸や三つ葉の根を落とす。

ブロッコリやカリフラワーの房を使うぶんだけ、切り取る。

青みが少し欲しいとき、鍋の上でねぎやパセリや大葉を刻む。

鶏肉の筋切り、皮の脂取り。

的確に狙いがつけられ、まな板を洗う手間もいらない。焼きたての玉子焼きの端にはさみを入れて切り取り、つまみ食いしたりもする。

こんなに暑いから

ここはベトナムとかインドだと自分に言い聞かせるイメージ作戦を導入して、獰猛(どうもう)な暑さを必死でしのいでいる。

つい昨日、浜松では気温四十一・一度。東京は三十六・五度だったけれど、体感温度は四十度超え。なのに、ご老人たちがマスクをして歩いているのを見ると、熱中症にならないだろうか、ものすごく心配だ。今年の夏はいろんな危険が多すぎる。

仕事場の冷暖房機が壊れた。

涼を求めて冷房のスイッチを入れると、あれ？　はっと気がついたら、部屋全体がサウナ。吹き出し口に近づいておっかなびっくり手をかざしてみると、毛穴が全開するほどの熱風が噴出中。スイッチを切ったり入れたり、一縷(いちる)の望みを繋いでみたのだが、機能一択の熱風製造機に変貌していて絶望感にまみれる。

あわてて自宅から扇風機を運びこんだ。しかし、都会派バルミューダの優しい風ではとても歯が立たず、むかし深川にあったどぜう屋「伊せ𠮷」でもらったシブい団扇でパタパタやっていると、今度は片手が使えないので、仕事ができません。

四日後、待ちに待った電気屋のお兄さんが新品を取り付けに来てくれた。ところが、部屋の設置状況を見るなり、「ひとりじゃ作業できない」と踵を返して帰りかけるので、恐怖に駆られ、半泣きになって「なんでもお手伝いしますから」。必死で追いすがったのだった。

台所も煮た、いや、似たような状況だ。間取りの構造上、冷気が回ってこず、おもちゃみたいなミニ扇風機が置いてあるけれど、焼け石に水。小窓を開けても入ってくる風はスズメの涙、うっかりすると炎天下でも働くのを止めないアリが侵入してくるので気が抜けない。まあ、毎年のことなので朝からつつーと額に汗がつたうのは馴れているけれど。

そんなわけで、真夏の台所仕事は最小限にとどめたい。一石三鳥くらいに持ち込んでおかないとやってられない、やけっぱちな気分だ。

一石三鳥、ひと粒で一キロ走れる料理をひとつ紹介したい。

今年の夏はこれにすがっています。

名前はまだない。

そのまんま言えば野菜のくったり煮、ラタトゥイユの変形。酢が利いているので「すっきり、さっぱり」方面の味である。

材料は野菜ならなんでもいいのだが、やっぱり夏野菜中心がいい。ズッキーニ。なす。ピーマン。トマト。セロリ。玉ねぎ。マッシュルーム。にんにく。赤唐辛子。あれば月桂樹の葉っぱを一枚。

てきとうに八百屋で買ってきた野菜を五種類ほど組み合わせ、大きめの乱切りにして厚手の鍋に入れる。オリーブオイルでさっと炒めてから、酢と少しの水を加え、ふたをして弱火で煮る。野菜の水分を誘い出す気持ちで、ゆっくり、じわじわ。最後に塩、こしょう。

煮過ぎないのがポイントです。できたてもうまいが、がぜん持ち味を発揮するのは、冷蔵庫でよーく冷やしたあとの翌朝。酢の酸味がいい塩梅にカドが取れ、ひとまとまり感に芸がある。

どうつくっても、いつ何度食べても、申し分なくうまい。夜も、朝も、また夜も、朝も食べて飽きることがなく、台所に立つ時間を大幅にカットアウト。その功績は、野菜の勢いのよさと酢の酸味による。

このおいしさは夏の産物だと思いながら、暑さに息切れして喘いでいる。なかなかうまくいかない。

ほや飯を炊く

予告なしに中身のわからない小包が届いた。差出人を確認すると、盛岡在住の友人Nさんの名前が印字してあるので、にやりと笑いが出た。

ナニカアル。

包みに貼り回してあるガムテープを剝がし、発泡スチロールの小箱を開ける。小さな抵抗感とともに内部の空気が解放されて中身が現れたとき、一瞬、時空がズレた。

ナニコレ。

想像のはるか上を行くものを見たとき、ストップモーションがかかって漫画の動きになる。そのとき私は「おそ松くん」のイヤミの「シェー」の形になっていた。

まさかコレとは。

オレンジ色と黄色の混じり合った奇妙な球体がごろんと二個。

付きの三陸産、うやうやしく指を伸ばす。

初夏から八月、東北各地に殻つきの新鮮なほやが出回る。しかも、届いたのは折り紙付きの三陸産、うやうやしく指を伸ばす。

生まれて初めてほやを食べたときは、東京くんだりまで運ばれたお疲れ気味のほやの酢の物で、もう二度と食べなくていいと思ったものだが、その数年後、旅先の盛岡で偶然再会し、べつものの味に衝撃を受けた……という私の体験談は、巷でよく聞くほやの「あるある話」だろう。地元でしかお目にかかれないぷりっぷりのオレンジ色に輝く刺身に、わさびをつけて食べたときの感激はいまだに薄れない。世界中どこでも食べたことのない玄妙な味は、太古の記憶を呼び覚ますかのようだった。

でも、自分で殻つきのほやを捌いたことは一度もない。崖っぷちだなと焦りながら、せっかくのお宝を疎かにはできない使命感が湧いてきた。

困ったときのYouTubeだ。台所に立ったままスマホで「ほやの捌き方」を検索すると、親切な動画がたくさん見つかった。五、六個の動画を確認して手の動きを頭に叩き込んでから、届いたばかりのほやに対峙した。

あっけないほど簡単だったんです。

洗って殻の水気を取り、ふたつの突起物のうち、十字孔（入水孔）のアタマを切り落として内部の体液を外に出し、包丁で切り込みを入れて指を差し入れ、殻から身を外す。

イボイボの厚い殻からクィッと身が剝がれるときの手応えは最高だ。くるん、ぺろり、手袋を脱ぐように一気に分離する。海のパイナップルと呼べば可愛いけれど、どう見ても禍々(まがまが)しく、水木しげるの漫画に似た妖怪がいた気もする。たった数秒でハダカになった脊索動物のオレンジ色の袋に包丁を入れて平たく延ばし、内壁にくっついた内容物を削ぎ落とすと、マンゴーの薄切りみたいになった。

一個は刺身、もう一個はバター炒めにしてみた。捌きたてに火を入れるなんて不届き者だなと思ったが、YouTube 情報の誘惑に負けた。

そうしたら！ さくさくこりこり、なにかに似ていると思ったら、上質のミノだった。ほや初心者の「シェー」が止まらない。こんな食べ方があったのか。

ほやはやっぱり深い。

余韻に浸っていると、翌日、Nさんからほやの絵つきの葉書が届いた。

「三陸の外海でもまれた天然物はぷりぷりです。外敵から身を守るためにイボが尖っています。環境が大切。氏(うじ)より育ち。味覚の要素が全部含まれているので、浜のひとたちは子供の頃から食べさせるようです」

寝ても覚めても。

地下鉄に乗っているときとか、庭の朝顔にジョウロで水遣りをしているときとか、はっと気づいたらほやのことを考えている。オレンジ色の手榴弾みたいな殻を目に浮かべ、ああ逢いたいなあ、なんて。

空前の私的ほやブーム。この浮ついた感覚は久しぶりだから、余計にほやほやする。折りしも地獄の釜の蓋が開いているお盆、盛岡のNさんから送られてきた二個のほやが、冥界からの使いにも思われてくる。

Nさんからの葉書には、ほやには「味覚の要素が全部含まれている」と書いてあったが、本当にその通りだった。殻からつるんと剝いだ肉厚の身を嚙むと、しょっぱさ、甘さ、ほろ苦さ、酸味、ピリッと舌を刺す刺激も隠れており、五味どころか複雑玄妙な味覚世界。

タマシイを持っていかれた私は、ブームに溺れることにした。捌き方も覚えたことだし、もう一度殻のままの生体に挑む気満々だったのだが、三陸の鮮魚店をあれこれ探すうち、獲れたてのむき身の急速冷凍ものが入手できることを知った。しかも旬の「夏のほや」と銘打ってある。

じつは、その宮城「山内鮮魚店」に惹かれたのは「夏のほや」だけではなかった。東日本大震災で社屋を失ったのち、復興。それ以前に出店していたAmazonや楽天市場など大手インターネットのショッピングモールから撤退し、実店舗以外に自社のインターネット通販ひとつだけに絞ったという。生産者の復活に合わせ、自分たちのペースで受注し発送、接客する仕事の楽しさが会社の方針です、と店長のブログに綴られている。ほやブームに舞い上がっているとはいえ、誰から買うか、そこは大事にしたかった。〈夏のほや（４００g入）お刺身用　急速冷凍　生むきほや　１０８０円〉せっかくなので二袋注文し、これまた未知の〈蒸しほや　１５０g入５９４円〉も注文して、到来を待った。

わあ、と目を見張った。届いた小箱を開けると、見るからにぷりっぷりの裸のむき身が塩水とともに急速冷凍され、出番を待っている。早く、早く解凍して食べてちょうだいよ、と声が聞こえてきて、その夜つんのめって、まずひと袋を解凍した。

初めてのほや飯に挑戦する。

Nさんからの殻つきは、刺身、バター炒め、ごく少量を塩辛に仕立てて本懐を遂げたのだが、三陸にはほや飯なる料理があることを知り、ブームに拍車がかかった。思案したあげく、冬の牡蠣めしと同じ方法で炊いてみた。自然解凍したほや（むちむちぷりぷり。ひと袋に大きいのが十個も入っていた！）を切り、塩水と酒で煮たあと、粗熱を取った汁でご飯を炊くというもの。ほやは、蒸らすとき混ぜ込む。醬油も入れず、しかし贅沢に、米二合に四個も使い、ほやの持ち味だけを米に染みこませる大胆な企画だ。

結論から言います。腰を抜かした。こんな飯が世界に存在していたのか。

あっさりしているのに、しだいに海中に引きずり込む魔物の味。なのに押しの強さはなく、熱いめしに混じったぷにぷにの身が奥床しい。雲丹とも牡蠣とも貝とも違う、ほやは別世界に棲む殿上人なのだった。

ほやブームの熱は依然収まらない。ただ、ほやは暑い夏にこそ、という旬の定めも理解しているつもりだ。

秋晴れの雑巾

三十年くらい前、子育ての必要に迫られてしぶしぶ買った小型ミシンが重荷だった。保育園のときは布団カバーとか着替え袋、小学校に上がったら運動会用のゼッケンとか鉢巻きとか、縫いものをする機会がしょっちゅうやって来るので、〈苦手↓下手〉のスパイラルに陥った。布をハサミで裁断するところからして不安だったし、ミシンを使うたびに上糸と下糸がもつれてダンゴになる。子どものころ、母が夏のワンピースを縫ってくれたことを思いだすと、ダメ母だなと落ち込むのはしょっちゅうだった。

そんな記憶がしみこんでいるから、布を力まかせに手で引き裂くときの快感ときたら。裁縫が苦手な者にとって、針や糸から解放されているヨロコビは途方もない。

ひさしぶりの秋晴れの朝。

気分がスカッとする何かをやってみたくなった。食器や鍋も洗い終えた。洗濯もすませた。掃除機もかけ終えた。ついでに靴磨きでもやってみるかと思うのだが、いや、あれは平日の朝じゃあない。やるなら土曜か日曜の午前中、のんびり取り掛かってみたい。

そうだ。不意に思いだした。

着古したTシャツが数枚、ヨレたシーツが一枚、棚のすみに置いてある。時間のあるときまとめて端切れにしようと思っていた。

そもそも、着古した衣服を雑巾に作り直すようになったのは、木綿が普及した江戸時代だといわれる。庶民の衣服や寝具が麻や楮(こうぞ)布から木綿に移行すると、やわらかくて傷みやすい木綿をほどいて仕立て直したり、洗い張りをする習慣が生まれた。つまり、木綿の生地は資源のリサイクルの先駆けでもあった。日本の衣服は直線裁ちだから、糸をほぐして解体するのが簡単なのでリサイクルの助けになったのだろう。さんざん着倒して肌に優しくなった浴衣のつぎの行き先は、赤ちゃんのおむつ。

Tシャツとシーツを棚から取り出し、テーブルの上に置く。Tシャツは首回りが伸び、シーツは数年のうちにへたってしまった。もったいない気はするけれど、すでに寿命を迎えているのだから、ここは思い切りよく引導を渡してコマを先に進めたい。

その、コマ送りの進行役が雑巾である。

Tシャツの裾にチョンとハサミを入れ、小さな切り目を作る。右端と左端をそれぞれ握り、力まかせに思うさま引っ張る。

シャーッ。

耳が冴え冴えとする爽快な音。

ついでにあたりの空気も切り裂き、たちどころに生地がまっぷたつ。これを何度も繰り返すうち、Tシャツがどんどん端切れに変わる。シーツもおなじ要領で、倍倍ゲームみたいに四角い切れ端に変わってゆく。

あっというまに溜まった大中小、三十枚ほどの切れ端。もっとも使い勝手がいいのは十センチ角に裂いた小雑巾で、台所のレンジや水道回りの汚れが気になったら、すぐさま使ってポイ。惜しげがないから、掃除の負担がない。

すっきりさわやか、いい朝だった。

二月の牡蠣めし

　年が明けて二月あたりになると、「花見が過ぎたら牡蠣は食うな」という謂いを思いだし（真牡蠣は産卵期を迎えて身が細くなり、水っぽくなるといわれてきた）、今季の最終コーナーに追い込まれた気分になって魚屋に吸い寄せられる。三日空くと、牡蠣、牡蠣、牡蠣と唱えながらそわそわする自分はヤバいなと思うのだが、牡蠣については欲望のまま突っ走ることを自分に許している。もしかしたら、タウリン中毒なのかもしれない。牡蠣が大量にふくむタウリンもアミノ酸の一種だ。

　牡蠣のオイル漬け、牡蠣と春菊の炒めもの、牡蠣オムレツ、牡蠣鍋、牡蠣のクリームパスタ、牡蠣フライ……牡蠣の沼にハマるうち、執着が出てきた料理がある。

　牡蠣めし。

　牡蠣の炊きこみごはんです。牡蠣ラヴァーとして、自分なりの登頂を果たしてみたくなった。子どもの頃からの大好物で、冬場、たまに食卓に上る牡蠣めしにやたら興奮した。ほんのり醬油の薄茶色に染まった飯のなかに埋もれている、灰色の小粒の牡蠣。箸を差し入れると、ひょっこり顔をのぞかせる小さく縮れた牡蠣は、嚙むと異様なうまみが噴出する。ほかの食べものでは経験できない過剰な味。舌の根っこの両側が痺れ、もう一杯、二杯、お代わりせずにはいられなかった。

自分で炊く牡蠣めしは、どうも欲深になってしまう。（飯ひとつぶひとつぶ、もっと牡蠣のうまみに溺れさせたい、まみれさせたい）だから貪欲にいこうよ。牡蠣にそそのかされ、八個五百七十円也を元手に踊ってみることにした。

牡蠣をそのまま米に混ぜて炊くと、牡蠣の身が縮んでしまい、ちょっと情けないことになる（子どものころに食べていた牡蠣ごはんはコレだった）。そこでまず、牡蠣を煮た煮汁を冷ましたのを使ってごはんを炊き、蒸らすとき火を通しておいた牡蠣を混ぜ合わせ、馴染ませる……去年まで、この二段階方式で牡蠣めしを炊いていた。

でも、進化の余地はあるはず。牡蠣の数を増やしたり、米を減らしたり、煮た牡蠣に醬油をまぶしたり、思いつく策をあれこれやってみた。

二月某日。たどり着いた最強（当社比です）の牡蠣めしの詳細を報告したい。

①牡蠣を、米を炊く分量より少し多めの水を熱して煮る。

②煮た牡蠣の半量だけ粗みじんに刻む。
③洗った米、刻んだ牡蠣、冷ました煮汁、醬油、酒、塩を入れて炊く。
④炊き上がったら、残りの牡蠣を加え、さっくり混ぜて蒸らす。

今季の新機軸は②。粗く刻んだ半量の牡蠣からさらにだしを引きだす〝Wだし〟作戦なのだが、いやもうびっくり。炊き上がった米ひとつぶひとつぶ、牡蠣のうまみのかたまり。エグいほどうまみが濃い。刻んだ牡蠣、丸ごとのぷりぷりの牡蠣、熱いごはんのなかに方向の違う二種類の牡蠣が混在して、お互いの仕事っぷりを讃え合う。

米の華

去年の冬、長いつきあいの編集者Kさんと話していたら、ランチジャーの話になった。ランチジャーは、熱いスープや煮物をそのまま入れて蓋をきっちり閉めると、熱いまま六〜七時間（いやそれ以上かも）キープできる弁当箱のこと。小さいし、軽いし、持ち運びが楽だし、温めなくても出先で熱いものが食べられるので、私も一個持っている。朝、熱い豚汁とか具だくさんの味噌汁をつくったとき、そのままランチジャーに入れて仕事場に持参している、冬場は手放せない……なんて話をしていた。

Kさんが教えてくれた。

「前の夜、ランチジャーに生米と熱湯を入れて蓋を閉めておくと、翌朝にお粥になっている。これ、忙しいときにかなり便利です」

コペルニクス的転回、いや展開である。保温道具だと思いこんでいたけれど、調理の役目も果たすなんて考えもしなかった。道具を使いこなすってこういうことなんだな。ランチジャーといういまどきの弁当箱がいっそう頼もしい。

じつは、感動をふくらませたのはもうひとつ理由があった。中国では、これとおなじ蒸らし炊きのお粥の作り方があるからだ。

燜粥（メンジョウ）という。北京あたりで見かける方法なのだが、木の桶の外側をわらで分厚く巻いてなかのお粥を保温する。加熱するのではなく、生米を長時間蒸らすことによってお粥に仕立てる昔ながらのやり方だ。ことこと炊いてつくる白米粥はもったりとして粘り気のある風合いに仕上がるけれど、蒸らし炊きの粥は、口に入れると米つぶがほろりと崩れ、儚（はかな）く溶ける。北京ではお粥も主食のひとつだから、そのまま炊いたり、蒸らしたり、米を砕いて炊いたり、巧みに炊き方を変えて楽しむ……北京の旅の記憶とランチジャーがくっついたのが愉快だったし、じっさいランチジャーで〈生米＋熱湯＋ひと晩〉を試してみると、はらはらさらさらのお粥になった。

冬になるとお粥が恋しくなる。

土鍋で炊くと、もったりとした半透明の白が輝く。口に含むと身体のどこかに溶けて消えるかのごとくだが、ひと匙ひと匙が確かな熱となって腹のまんなかに溜まる。

気温が十度を下回った週末の朝、お粥を炊こうと思い立った。

むずかしいことはなにもない。生米二分の一カップをさっと洗い、土鍋（厚手の鍋でもいい）に入れ、五、六倍量の水を入れて火にかける、ただそれだけ。

ほたほたと小さな火で煮る。最初は強火にかけて沸騰したら火を弱め、できる限り小さな火に落としてゆっくり炊くのが私のやり方だ。湯の対流に乗って、米がダンスをしているようすを覗きこむのも楽しい。混ぜると粘りが出るし、米が潰れてしまうから、ときどき鍋の底をそーっと起こすだけ。

米ひとつぶひとつぶがふくらんでぷっくり太った光景を見ると、いつもおなじことを思う。

米の華が咲いた。

煮えばなのお粥には、米という蕾から花弁が開いたような感覚を覚える。鼻をくすぐる甘い香りにしても、炊きたてのごはんと首位を争う大ごちそうだ。早めにおなかが空くから、身体も軽い。つぎの食事がおいしいのもお粥のいいところ。

ドーダのおかげ

「ひとはドーダで生きている」

東海林さだおさんの名言だ。

気持ちがイラッとしたとき、このショージ君の念仏を唱えると、たいていの雑念は収まる。そうだよな、みんなドーダで生きてるもんな。

自分で自分にツッコミを入れるときにも役立つ。つい出しゃばりそうになったとき、舞い上がって何かしでかしたくなっているとき。ショージ君を脳内に導入すると、はっとする。あんたドーダドーダと鼻の穴がふくらんじゃってるよ、ハズカシー。

つい先日のこと。青森の友人Nさんから、とつぜん連絡があった。

「ブツを送った。包丁を研いで待て」

ときどき狂気を発動するNさんの人柄が私は大好きだが、それにしても短い文面にへんな迫力がある。配達指定日に身構えて待っていると、でかい発泡スチロールの箱が届いた。

じゃらじゃらと鳴る氷の音。

なんとなーく予感がする。もつれる指で開梱すると、的中。しかも二キロ見当の大物が二尾。

ヒラメとキンメダイだった。

言いたいことはすぐわかった。タイやヒラメの舞い踊り。

感謝と焦りが押し寄せてきた。こんな立派なブツを、私は自分で捌いたことがない。しかし、Nさんの狂気と挑発に武者震いしながら、「ドーダ」と言ってみたい自分がいる。やるしかない。だが、自力ではムリだ。一計を案じて娘夫婦のうちに運びこみ、二世帯総勢四人の協働作業に持ち込むことにした。どうなろうと、自分たちの胃袋が責任をもつ。

指導役は、インターネット情報とYouTube。ひよこチームの一名がケイタイ画面と首っ引きで読み上げ、一名が包丁を握り、一名がセコンドについて励まし、一名が血合いや内臓を取り出して掃除係。疲れてくると持ち場を入れ替える作戦だ。ぴーんと緊張が張り詰め、台所の空気がすでに薄い。

ヒラメの頭ってこんなに硬いんだ。

ひれに沿って包丁を入れて離しておかないと、あとで困るらしい。

あああー、身がえぐれちゃう。

骨が太くて切れん。

エンガワの皮が取れてくれない。

——悲鳴まじりの声が飛びつつ、どうにかヒラメの五枚下ろし完了。ひとヤマ越えたら、なぜかキンメダイの三枚下ろしはするっと進んだ。

まあまあ上出来ってことでいいんじゃないの？　慰労し合いながら刺身と塩焼きの用意を終える頃には、みんな肩で息をしていた。

しかし、私は思った。

これじゃあドーダとは言えない。

初心者の悲しさで、骨には身がへばりついてムダが多い。でかい頭も皮ももったいない。タイやヒラメにも、Nさんの狂気にも申し訳ない。

とっさに閃いた。

魚のスープを作ろう。鍋にぜんぶをぶちこみ、白ワインをどぼどぼ注いで煮詰めたら、うまいものができるんじゃないか。

大鍋にオリーブオイルを注ぎ、玉ねぎとにんにくを炒め、よく洗った魚二尾の残りすべてをごっそり入れ、白ワインと水、パセリの茎、月桂樹の葉っぱ、赤唐辛子、スパイスいくつか。ことことと煮込んで半量くらいになったら骨だけ除いて、ミキサーでガーッ。味つけは塩。

とろり、ざらりと広がる魚の濃厚なうまみがたまらない。発泡スチロールのなかから現れた大物二尾が、カケラも余さずスープ皿を満たしている達成感と自己満足。ドーダの花火が、真冬の夜空にぱあんと何発も上がった。

Ⅳ 薪の火

きのこを青森で

「わあ、八甲田山が赤い」

いっとちゃんが言うので、車窓の向こうに視線を遣ると、赤、オレンジ、黄、ベージュなどが混じり合い、ブナやミズナラの自然林がふんわり赤く染まっている。八甲田山の初冠雪は十月十五日、その翌日だった。

「こんな絶好のタイミングで紅葉を見られるって、なかなかなくて」

いっとちゃんは津軽の弘前育ち。おなじ青森でも、生まれ育った土地が違えば、眺めて親しむ八甲田山の顔は違う。私にとっては、旅するたびに見上げる八甲田山は青森の中央にどんと聳（そび）える圧倒的な存在だ。

その八甲田山のすぐ近く、黒森山に分け入ってきのこを採りに行く。青森の親しい友人、ナラさんの父上がきのこ狩りに連れていってくれるというので、色めき立って青森にやってきた。

歓喜の舞を踊ったのには理由がある。ちょうど去年の十月、石川県の豪雪地帯、白山できのこを狩った。土地の古老に案内された秘密の場所に着くと、山中のブナの倒木にびっしり、白い羽衣の群れ。朝陽を浴びて光る優雅な光景に幻惑され、指を伸ばすのも躊躇しながら、酔ったようにぽーっと上気した。

あのとき、きのこの何かに取り憑かれた気がしたのは、どうやら間違っていなかった。黒森山一帯に広がるブナやナラの自然林のなか、軽トラの荷台に乗りこんで山奥へずんずん運ばれながら、すでにきのこに支配されていた。軽トラを降りて歩き始め、ズルズル滑る岩場を渡り、沢の水に浸かり、笹をつかみながら斜面を登る。気を抜くと転げ落ちそうな難場も、きのこを思い浮かべると踏ん張れるのだった。

背筋がぴんと伸びた山の師匠は超健脚、勝手知ったる様子で山深く入ってゆく。「これはカモシカが歩いた足跡」「これはトチの実の殻」。ヤマブドウの木を見つけると、蔓を引っ張って実をはずし、いっとちゃんと私に黒い実を勧めてくれる。

「おいしいです、酸っぱいです！」

「五十年以上この山を歩いてきたからね、私の山ですよ」

大雨の日も山に入って歩くのが楽しいよ、と目尻を下げる笑顔にまた痺れる。

「お」

あとをついてゆくと、樹齢百年を軽く超えるナラの倒木の幹に茶色いナラタケの群生。青森ではサモダシと呼ぶ、みんなの大好物だ。申し訳ないくらいの採り放題。天然のきのこは、山に分け入ってきのこに出会った者に利がある。

「あれ食べられますか」

「だめ。食中毒になるよ」

「これ、ぷくっと膨らんでうまそう」

「フウセンタケっていうの。傘を圧すと、ぷしゅーっと粉が舞う」

ぽつぽつと耳に届く師匠の語りは、きのこ事典をめくるかのよう。二十代の頃から半世紀以上、秋が来るたび、繰り返しきのこと出会いながら蓄積してきた山の知識である。

ブナハリタケと再会したのは、小一時間歩いたあたりだった。沢の流れしか聞こえない静まり返った山奥のブナ林のなか、苔むした太いブナの倒木の幹の両脇に、乳白色のひらひらが密集している。光を吸収する純白。ふっくらと肉厚。エレガントなフリルが大木の幹にへばりつく浮世離れした光景、一瞬動けなくなる。これは森の秘事。私たちがここまで山深く入らなければ、誰にも知られないまま、この美しい光景はひっそりと完結した。

八甲田を歩いて五十年以上の山歩き名人は、なんの遠慮もしない。担いだ竹かごから極太のカッターナイフをすばやく取り出し、根っこの脇に刃を当て、横一文字に滑らせながら快刀乱麻。しゃーっ、さくさく、次から次へ切り落とし、淡々と竹かごに溜めてゆく。

「そんなお構いなしにさくさくいっちゃっても大丈夫なんですか。森の神様のご機嫌を損ねるんじゃないかなんて、つい心配しちゃいます」

「なんも問題ないよ？」

来年のために柿の実をひとつ残して枝につけておくとか、そんな気遣いは無用らしい。菌類だもんな、と勝手に納得する。

それでも、五本の指を広げて根もとから大事に採ろうとする私。幹から外れる瞬間、ぽくっと音を立てて掌に移る感覚は、きのこ採りの快感だ。しかし、ひと株ずつ採っていたら時間を食うわ、効率は悪いわ、いちいち森の神様に挨拶してもキリがない。

「この段階でひと仕事すませておかないと、あとの掃除が大変になる。ナイフで切り離せばね、根っこについた土や苔がくっついてこないの。それに、ここも外しておかねば」

指差す芯の内部を見ると、うっすら茶色に変色して小さな孔が開いている株が見つかる。虫の住み家を切り外しておかなければ、料理するとき、ホラーな展開が待っているらしい（山から下りたら、すぐ塩水に浸して虫出し作業もする）。

もうひとつ、知ったことがある。

鬱蒼とした森のなかで採ったきのこは重い。採って溜めるうち、ずん、ずん、ずん、重量が倍加する感覚が生き物っぽく、なまなましい。天然自然のきのこがふくむ豊潤な水分！　ブナハリタケは、重さを軽減するために軽く搾って水分を抜いてから運んだりもするという。

こうして山奥に分け入って沢や岩場をつたいながら見つけるきのこ、東京の八百屋やデパートで買うきのこ、同じきのこの形をしていても次元の違う存在なのだった。

当日の収穫はブナハリタケとナラタケ、合計約三キロ。ヤマブドウの実、一キロ強。山歩き名人は「ナメコも欲しかったけど、今日はどこにもなかったなあ」。マイタケの大物をブナの根もとに発見したけれど、採りどきを過ぎて干涸(ひから)びかけており、指をくわえて眺めるのは無念だった。その年の自分の事情で現れる菌類との出会いは、知恵比べとタイミングの産物。予測はつけられても、予定は立てられない。

ブナハリタケの香りと味は、やみつきになる。マツタケの香りのドヤ感をきれいに抜いた、ちょっとオトメっぽい甘い香り。火を入れて嚙むと、じゅわじゅわーっと汁気を感じるのは、白い傘の下に極細の針のような襞が密生しているから。柔らかいのに、しこっとして緻密な歯ごたえ……きのこのおいしさを語るのはどうもむずかしいです。説明するほど、言葉がスベっていくような。

山から下り、十和田に住む名人の家でごちそうになったのは当地の正調・馬鍋だった。

雑穀を谷川岳で

「雪崩（なだれ）や雪庇（せっぴ）に気をつけながら登りましょう。谷川岳、何度登ってもすばらしいです！」

天候の様子をみながら順延していた谷川岳登山、天神尾根コース。山登り上級者のアコさんとタケウチさん、ちょっとヨレ気味の私の三人で谷川岳ロープウェイ天神平駅に降り立つ。四月中旬の日曜午前九時、気温は二度くらい。

見渡す限り、まだ雪に埋もれた山の中腹で登山靴にアイゼンを装着すると、いよいよスタートだ。片道四キロ、夏なら往復五時間くらいのコースだけれど、足の下には深い雪。アイゼンのツメを積雪に突き立てて屈伸運動しながら、さあゆくぞ。

ざっくざっく、一歩ずつ積雪を鳴らし、両手に一本ずつ握ったポールを頼りにしながら尾根を進む。どこまでも続く長い斜面をひたすら登っていると、あっというまに汗だくになり、薄いダウンのベストもじゃまになった。三十分も登ると、鼻水が垂れるわ、息が切れるわ、もうわちゃわちゃ。雪の斜面にいじめられ、足が重い重い……のだが、スイスイ歩く二人の姿に励まされて、また一歩ずつ。

白く輝く朝日岳。あれは赤城山、上州武尊（ほたか）山……目の前に広がる山々を眺めながら尾根道を登り、そうこうするうち谷川の稜線とピークが見えてきた。

「あそこまで行きますよー」

指差すアコさんの笑顔がまぶしい。熊穴沢避難小屋、天狗のトマリ場、天神のザンゲ岩……ポイントを辿りながら進んでいると、広大な雪原に出会った。何本かの美しいシュプールは、すれ違ったスキーヤーやスノーボーダーたちの軌跡だろうか。いっぽう、巨大な雪庇が大きく崩れている場所もあり、四月は雪山登山ぎりぎりのタイミングなんだなと思う。

登り始めてから三時間足らず（岩場で、私が足を引っ張った）、晴れて谷川岳山頂、通称トマノ耳一九六三メートルに至る。谷川岳の山頂はふたつの峰に分かれ、左がトマノ耳、右がオキノ耳一九七七メートル。双方の耳に登ってぐるり見渡すと、越後の名峰が悠然と連なっている。終盤はへばった。でも、ここまで来なければ眺められない絶景だ。すばやく、昼食。雪の岩に腰を下ろして、家のストック棚から持ってきたひと袋を取り出す。

「10種の蒸し雑穀」。

中身はもち麦、大豆、小豆、黒大豆、赤米、黒米、緑米、たかきび、発芽玄米、はと麦の十種類を混ぜたひと袋七十グラム、二百円。

頂上での一食は、つまり行動食だ。はるばる登ってきた往路と等分の距離を歩いて戻るのだし、前半より体力は消耗しているから、エネルギーに直結する食糧が必要だ。手づかみで簡単に炭水化物を摂れるおにぎりもよかったが、リュックのなかで嵩張らず、軽く、小さな袋の口をピッと開けるだけのこっちにしてみた。

スプーンを袋のなかにつっこみ、少しずつ雑穀を口に運んで噛んでいると、変化に富んだツブツブの噛み心地がさらに楽しく、しだいに腹のなかにリキが貯まってゆくのを実感する。山と雪と雑穀の相性はなかなかだった。

腰を上げる前、アコさんが作ってくれたインスタントのカフェオレで、一気に覚醒した。重い足の筋繊維一本一本に染み渡るとろりと蠱惑的な甘さ。わずか百ccほどの超絶エネルギー源に鼓舞される。

また来るよ、谷川岳。雪上の「お尻スキー」を楽しみながら、一気呵成に下山した。

駅弁を伊東で

「伊東に寄るんですか。じゃあトウカイカンに行くといいですよ。あそこは一見の価値があります」

四月三日。伊豆高原から踊り子号に乗ってこれから東京に戻ろうというとき、「途中下車して伊東に寄ろうと思っている」と話したら、伊豆暮らしの長い知人が全力で推してきた。

トウカイカンって何?

さっそくスマホ先生に訊いてみると、「東海館」。昭和三年、伊東市内に開業した和風建築の旅館で、二十年前から伊東市の文化施設として一般公開されているらしい。紹介記事や資料も数多く、写真もあれこれ出てくる気配だったので、あわてて目をつむって楽しみを引き延ばした。

行ってみなくちゃ。昭和三年開業ということは、一大レジャーブームに沸いた昭和の観光地の栄華をたっぷりまとっているはずだ。「♪伊東にゆくならハトヤ　ハトヤにきめた」のハトヤホテルよりずっと古株、きっと地元の温泉旅館の雄だったのだろう。伊東で途中下車するモチベーションがぐっと上がった。

じつは伊東に降りる目的があった。

伊東駅構内で売られている駅弁。

ちょうど二年前のおなじ時期、恒例の伊豆高原での断食から戻るとき、伊東駅で降りて伊東市民のソウルフードの誉れ高い「祇園」のいなり寿司を買った。甘じょっぱい汁気をじゅわじゅわと含む揚げは、とても薄いのに、がぜん口のなかで存在感を発揮する。酢の利いた寿司飯との相性にも年季を感じる「祇園」の看板の味だ。

そういえばあのいなり寿司にしても、「あれは食べてみる価値があります。『祇園』のいなり寿司を買いに行くために伊東に行って欲しいくらいです」と熱弁を振るう、駅弁にくわしい知人の推しによって知ったのだった。ものすごい肩入れっぷりだなと内心驚いたけれど、実際に食べて、とても納得した。

食い味のよさが、「祇園」の歩みを物語っている。伊東市内に「祇園」が誕生したのは一九四六年、東京・浅草の映画館で弁士をやっていた守谷定一がいなり寿司の店を開いた。なぜいなり寿司だったかといえば、妻・かつ江の母の実家が稲荷神社だったから。

おいなりさんに護ってもらおうと願掛けをする元弁士の心情がじいんと染みてくる。それから十三年後、国鉄（当時）伊東駅構内で駅弁を売り始めることになったのだが、もちろんいなり寿司は大看板。ひと頃までは、列車がホームに滑り込むと、肩掛けの箱を提げる駅弁売りも伊東駅名物だった。昭和を走り抜けて今日まで親しまれ続けているのだから、やっぱりおいなりさんの霊験あらたかなのだった。

ちょっと地味な響きをまとう伊東という土地に、長年に亘って老若男女を惹きつけてきた観光地ならではの磁場を感じる。こうして、私もまた伊東駅でわざわざ途中下車しようとしているのだから。

伊豆高原駅から三十分ほど、伊東駅のホームに降り立つと、ほんのりとユル暖かい春の空気に包まれた。駅を出て「東海館」を目指す前に、「祇園」で駅弁を買おう。「東海館」のあと、駅弁を食べる場所ももう決めてある。

改札のすぐ脇、駅弁を並べる「祇園」は小さな店だ。いなり寿司は三個入り、六個入り、いなりと海苔巻きの詰め合わせ。幕の内弁当、おにぎり弁当、赤飯おにぎり弁当……おや、これは？　掛け紙の赤い鯛、緑の笹の絵、臙脂（えんじ）色の紐を十字に結んだ角のまるい小判形の箱。「どんたく」と大きく書いてある。

昭和の香りがふんぷんと漂う「どんたく」の四文字。かつて土曜日を〝半どん〟と呼んでいたように、「どんたく」の語源はオランダ語の〝日曜日〟。晴れやかな休日の駅弁ですと名乗っている。

中身がわからないけれど、これに決めた。

「この、どんたく弁当を下さい」

ついでにほかの駅弁もちらちら見ていると、店の女性が言った。

「とりめし弁当や赤飯おにぎり弁当もおいしいんですけど、今日はまだ入荷してなくて。次に伊東にいらしたとき、ぜひ召し上がってみて欲しいです」

飾らない言葉がじいんと染みた。用事の帰り道に途中下車したから、私も伊東に来られた。

「はい。また来ないと、ですね」

とりめし弁当や赤飯おにぎり弁当や「鯛どんたく弁当」で頭のなかを忙しくしながら、海のほうへ向かう。まず最初の目当ては「必見です」と勧められた「東海館」。

「東海館」は十分も歩くとすぐ見つかった。予想をはるかに上回って威風堂々。唐破風（からはふ）造りの玄関前に立つと、頭上に朝日と鶴の彫物。靴を脱いで上がった檜張りの廊下が飴色に光っている。ひと間ずつ意匠の違う書院造りの欄間や障子、床柱、ガラス窓……腕に覚えのある棟梁たちが競い合った木造建築は、建築好きなら目を輝かせる技の宝庫だ。昭和十三年、伊東線が開通すると、どっとお客が押し寄せ、勢いに乗った「東海館」はパッチワークのように増築を重ねた。圧巻は三階の百二十畳敷きの大広間。飲めや踊れや、宴会のさんざめきが蘇るかのよう。あでやかな日本髪の芸者もお酌をして回っただろう。三階から続く階段を上がると、見晴らしのいい望楼まであった。お大尽になった気分で伊東の街並みをぐるり見渡したりしていたら、たちまち小一時間が過ぎた。

先を急がなくちゃ。

伊東で途中下車した目的が、もうひとつ。さっき駅構内で買った駅弁を、伊東の海を眺めながら開きたい。ただそれだけのささやかな計画だけれど、東京に戻る帰路、ひっそりとした幕間のおまけが贅沢でありがたい。

「東海館」を出て五分足らず、目の前に青い海が現れた。白い雲、青い空の下に広がる伊東オレンジビーチ。潮風になびく椰子の木。人影のない黒っぽい砂浜。観光写真さながらの悠長な風景が夢見心地を誘いかけ、たちまち現実感が消えた。

ベンチに座り、膝の上にのせた「鯛どんたく弁当」を開く。

じっと見入った。一面に敷き詰めた白いふわふわの鯛おぼろ。割り箸ですくうと、だしの染みた飯といっしょに柔らかな鯛の身が持ち上がった。おかずは帆立の唐揚げ、椎茸のうま煮、ごぼうの煮染め。思い切りのいいシンプルな弁当だ。

海に浮かぶヨットを眺めながら、ひと粒余さず平らげると、伊東のいっときが腹のなかにおさまった。

時計を確かめると、次の踊り子号の発車時間まであと十五分に迫っている。あっとい

鯛

うまに手持ちの時間を使い果たし、ひとりどんたくこれにておしまい。

これはカンブリア紀の化石だろうか。いいや、これはアジの干物——。

「東海館」に行った翌年、各駅停車のJR伊東線に乗って、また熱海駅で降りた。伊豆での断食一週間が終わったあと、チョイと寄り道。折りしも夏休み最後の週末である。目的は、駅前の仲見世商店街「ゑびす屋駅前店」の「丸焼きアジせんべい」。

じつは、行きの電車のなかでネットニュースを読んでいたら、目が釘づけになった。〝地元産のアジの干物を丸ごと、直径約三十センチの煎餅生地に入れて焼き上げる〟という東京新聞の記事。写真に目を走らせると、そこには驚愕の光景があった。食べ物としてすでに完結している干物を、さらに煎餅に仕立てる奇策。自分でもおかしいほど反応しつつ、そうだ！と思う。断食の帰りに熱海を通るのだから、きっとこれはなにかの縁。

「ゑびす屋駅前店」の入り口を入って右側に、缶詰の棚と立ち飲みのカウンター。この店は缶詰バーでもあるらしい。左側に視線を移すと、壁に丸いうちわが並んでいる……と思ったら、それが「丸焼きアジせんべい」だった。

席に座る。注文はこれしかない。

「アジの煎餅とビールください」

断食の帰りにいきなりビールかいと苦笑したが、流れはこれ以外にありません。

注文のたび、店頭で焼いてくれるという。わくわくしながら現場に移動すると、目が子どもになった。

黒光りする頑丈な四角いプレス機の上半分をぱかっと引き上げ、お好み焼きやたこ焼きの生地に似たのをお玉ですくって垂らし、大きな円形に広げてから閉める。

えっ、干物は？

どきまぎしていると、ほどなくプレス機を開け、生焼けの生地の中央に干物を一枚、でん。すかさずプレス機を下ろすと、新展開に突入だ。

ハンドルを握ってぎりぎり絞る。

じゅー、じゅじゅじゅう〜〜

プレス機のスキマからアジの干物の断末魔、いや水分が飛ぶ音。息を殺して凝視していると、お姉さんは微妙な塩梅（あんばい）でハンドルをさらに絞る。

耳を澄ますと、じゅじゅう〜。

とっさに質問がでた。

「作るのむずかしくないですか」

「そうなんですよ。すごくむずかしいです。なかが見えないし、あとで生地を足すと厚くなっちゃうし、圧（お）し過ぎると焦げちゃうし」

数分後、満を持してプレス機が開けられたときの光景は激しかった。アジの干物がぺたんこに圧し潰され、化石状態。骨の線がくっきり浮かび上がっている。

食べながら、いちいち納得する。だしの利いた煎餅の生地はバリバリと嚙みごたえがあり、おまけに焼きたてだから熱い。あちちと割りながら口に運び、合間に冷たいビールを流しこみ（断食直後の腹にするどく染みます）、いよいよ本丸の干物部分を攻める。

干物好きなら本望だと思う。骨も身も皮も頭も、丸ごとばりばり食べ尽くす。身は柔らかくほぐれ、骨の香ばしさ、頭のほろ苦さにもぐっときた。こうして煎餅にしてもらわなければ、いつも残していた骨や頭の深い味を知らないままだった。

隣の席に、家族連れがやってきた。注文はもちろんアジ煎餅だ。熱い焼きたてが運ばれてきた瞬間、お母さん（推定三十五歳）がつぶやく声が聞こえた。

「ナスカの地上絵みたい」

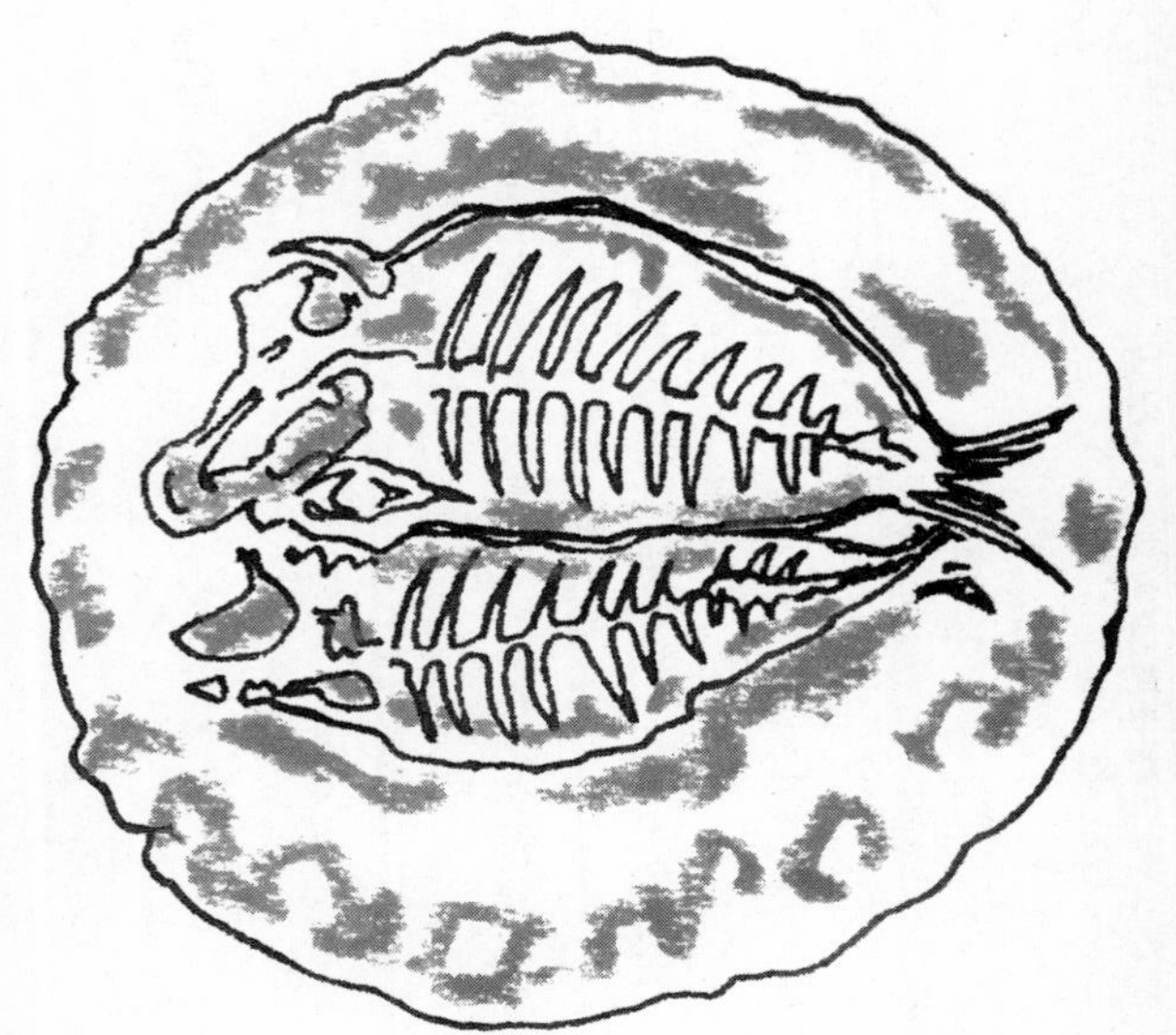

五平餅を豊田で

「今日行かなきゃ見逃してしまう」とあわて、豊田市美術館で開催中の「岡﨑乾二郎視覚のカイソウ」展に向かった。これはどうしても見ておきたい。新幹線で名古屋駅まで行き、名鉄線に二度乗り換える。豊田市美術館は、数年前に「フランシス・ベーコン展」を見に行って以来のこと。期待を上回るすばらしさだった。意識の底やら時空間やら攪乱されたり複写されたり更新されたり、特別な視覚体験について語ってみたいが、でも、もうひとつ語らなきゃならないことがある。

五平餅です。

何を突然、と思われるでしょう。

豊田に駆け込みながら思った。豊田はトヨタ自動車だけじゃない、きっとほかにないうまいものがあるはず……〝食べ物から土地を知る〟のが習性になっている私にとっては自然な流れ。とっさに調べてみると、豊田の隠れた名物が五平餅なのだった。搗いたご飯を木の棒につけて平たくのし、味噌や醬油だれをつけ、両面を炭火などでこんがり焼いたもの。お祭りの縁日で見かけたことがあるけれど、ずっと素通りしてきた。

美術館から豊田市駅まで戻って、タクシーをつかまえる。豊田市には五平餅をだす店が五十軒ほどあるらしく、まず行きたかった明治期創業「上坂商店」は定休日でざんねん。土地勘がないので、タクシーの運転手さん（推定三十四歳）に相談すると、自分のケイタイでパパパッと調べ、今日営業しているなかから近場の店を選んで車を走らせてくれた。「へーお客さん、五平餅が好きなんですか」とか珍しがられながら。彼は「子どもの頃、うちのおばあちゃんの作る五平餅が好きでした」。

十五分ほど走って川沿いの「川の駅松平」に着くと、まさかの冬期休業中だったから、運転手さんもあせる。すぐ近所に饅頭屋があるというので、飛び込んで「あのう、この近くに五平餅……」と訊いてみた。

「あるわよ！　ここから三分ほど走った右側。おばあちゃんが焼いてるの。日曜日だけどやってるかな。電話で訊いてあげる」

祈るような気持ちで待っていると、「やってるって！」。親切心が染みた。

その「滝川ふれあい工房」は豊田松平ICから下山方面に向かった王滝渓谷の近く、道路沿いにあった。

がらがらーとバスの待合所みたいな建物の引き戸を開けると、エプロン姿のおばあちゃん三人がいっせいにこっちを見た。

「あのう五平餅ありますか」

「あるわよー、五平餅しかないの」

「ここで食べられますか」

「ハイどうぞ。いま焼きますね」

片隅の机に丸椅子三つ。座って待っていると、待望の五平餅、漬物の小皿、野草茶の湯飲みが置かれた。

鼻をくすぐる香ばしい味噌の香り。ホセと呼ばれる細い棒を持ち、俵形の五平餅のはじにそっと囓りつく。

搗いたごはんがほこっと崩れ、五平餅のイメージを刷新する温かなうまさ。柔らかくて、優しい二百円。味噌だれに混ぜてあるという手摘みの薬草アマドコロの根のほのかな風味にも食欲をそそられる。

「いや〜無事に食べられてよかったですー。じゃ駅に向かいますね」

タクシーのドアが閉まり、美術館のあとの五平餅をめぐる小さな旅は終わった。

蒸し寿司を京都で

温かい寿司があると知ったときは驚いた。教えてくれたのは大阪生まれの友人で、露地奥のシブい店でてっちりをつついたのが二十数年前のこと。翌日、大阪の冬の味をご馳走してあげる、蒸し寿司よ、と言われたのだった。その寿司を、彼女は「ぬく寿司」とも呼んでいた。

ぬくい蒸し寿司は、明治期に大阪で生まれて西日本方面に伝播したといわれる。何につけ始末のいい大阪のことだから、ちらし寿司の残りを温めて食べたのが発端だったのだろうと想像してみるのだが、真偽のほどはわからない。

いっぺんで好きになった。蒸し寿司は、酢のつんと角張（かどば）ったところが消えて、はんなり優しい。とはいえ、ふたつきの丼ごと蒸すから、最初は手で持てないくらい熱い。丼のなかで錦糸卵も椎茸も穴子も海老も酢飯もぜんぶ一体となって、巣ごもりのよう。こんな寿司もあったのだ。未知の喜びが押し寄せ、以来忘れがたい味になった。

そののち、京都でもあちこちで蒸し寿司の店に出会った。京都にしろ大阪にしろ、蒸し寿司は冬の風物詩だからなかなかタイミングよく出会えないのが残念である。

昨年暮れ、倉敷の実家から東京にもどる日のこと。

そうだ、京都で途中下車して蒸し寿司を食べよう。

酔狂な思いつきが唐突に浮上した。今まで京都を通過することは数知れず、でも、蒸し寿司が天から降ってきたことは一度もない。どういう風の吹き回しなんだろう。でも、たまには糸の切れた凧になってみたい。

まっすぐ向かったのは新京極「乙羽」である。目抜き通りの四条通から新京極に折れてすぐ、軒先に何段も重ねた蒸籠（せいろう）のてっぺんから立ち昇る白い湯気が「蒸し寿司あります」の狼煙（のろし）に見える。つい駈け寄った。

「乙羽」は明治三十五年創業、歳月が降り積もって土地に根が生えたような風情で、箱寿司、鯖寿司、巻き寿司もあつかう。にぎにぎしい新京極のなかにあって、見落としそうなほど間口は狭いけれど、京都の老舗は奥が長い鰻の寝床だ。

私が座ったのは入口すぐの席。満員でそこしか空いていなかったけれど、昼の混雑どきに席があっただけで御の字だ。

すぐ向かいの席のおじいさんの前に、蒸し寿司とお吸い物が運ばれてきた。もうじき私もあれを、と思うと、そわそわしてくる。おじいさんは「あちィ」と言いながら丼のふたを外し、ひと口頬張るたび「ほーっ」「ほーっ」、いちいち声を洩らす。口のなかで熱を冷ますのが癖らしい。

ほどなく私の蒸し寿司がとん、と置かれた。そうそう、この伊万里焼の小ぶりの丼、何年ぶりだろう。取り落とさぬよう、熱いふたを開ける。

ふわふわの錦糸卵の黄色。

生姜の桃色。

グリーンピース三つぶの緑。

様式美と呼びたい絶景が現れた。箸を差し入れると、ふわっと酢の風味をまとう寿司飯には鱧そぼろ、焼き穴子、煮染めた椎茸、干瓢……ひと口、ひと口の味がじんわり深い。そういえば、「乙羽」では寿司飯を前日に仕込み、ひと晩寝かせて酢を落ち着かせると聞いたことがある。それにしても熱い、熱い。食べ進むうち、胃の腑に熱が溜まってゆくのがわかる。

蒸し寿司のぬくもりをふところの温石（おんじゃく）のように抱えながら、寺町まで散歩してから京都をあとにした。

江戸の鯨

江戸三大動物事件のひとつは、品川沖で起こった。

品川は、日本橋から二里離れた東海道の最初の宿場町。歌川広重らが盛んに描いた品川の錦絵には、青い海や帆船がかならず登場する。品川沖に碇泊（ていはく）した貢米（こうまい）船や廻船から荷を積み替えた小舟で物資が運ばれ、揚がった魚を江戸城へ納めたので「御菜浦（おさいうら）」と呼ばれた。

寛政十年（一七九八）五月一日。前日から暴風雨が吹き荒れた海上に現れた、黒い影。あれはいったい何だ。高波のあいだに巨大な物体がぷかりと浮かんでいる。

品川沖に迷い込んだ鯨だった。

体長九間一尺（約十六・五メートル）、高さ六尺八寸（約二メートル）のセミクジラ。

品川浦の人々はびっくり仰天、腰を抜かした。あわてふためきながら船という船を集め、果敢に乗り込んで海に向かった男たちは、頭にねじり鉢巻、血走った眼をカッと見開いてアドレナリン全開。想像を絶する巨大な黒い生き物を何艘もの船で取り囲み、じわじわと追いながら持久戦に持ちこむ。

ついに浜に乗り上げたセミクジラは、白日のもとに巨体の全貌をさらした。

鯨捕獲の報はあっというまに江戸中に広がり、市中は大騒ぎだ。珍なる動物をひと目見たいと老若男女が品川浦に集まり、いやもっと近くで、と船を雇って間近でまじまじと見上げる者もあとを絶たない。これは現世の光景なのだろうか？　南無阿弥陀仏と念仏を唱える者がいたかもしれない。ほどなく評判を聞きつけた徳川第十一代将軍、家斉公が「余も見たいのう」。「ではご上覧」と、品川浦の漁民たちは鯨に縄を掛け、浜御殿まで曳いていったという。

品川沖に迷いこんだのが運の尽き。追いかけられ、引き回され、係留され、しだいに鯨は弱り、死んでしまった。そののち村役人の立会いのもと、解体して脂が取られ、胴体部分は払い下げられる。

——江戸三大動物事件、「寛政の鯨」の巻。この話を知ったとき、心臓がどくんどくんと波打った。日本で捕鯨が産業化されるのは江戸時代初期だが、品川沖に鯨が現れたのは、西海漁場として発展した九州周辺で鯨取りを操業する組がぞくぞくと組織され、大がかりな鯨漁が栄えていた頃。日本各地に広がった古式捕鯨業時代の絶頂期におこった珍事だった。品川浦に押しかけた江戸の人々は「あれが鯨というものなのか」とおののき、舌がざわざわ興奮しただろう。

というのも、すでに江戸では「正月迎え」として煤払いのとき鯨汁を食べる習慣があった。黒皮つきの白い脂肪層を塩蔵した加工品で、塩と脂を抜いて料理に使う。冷水にさらし、酢味噌や辛子味噌で食べる「さらし鯨」、鯨のぬた「鯨なます」、塩蔵した軟骨「かぶら骨」を湯で戻して三杯酢で和えたものなどが好まれていたけれど、鯨のすがたを誰も見たことがない。つまり、どんな動物か知らずに食べていたのである（当時、鯨は魚と考えられていた）。

じつは、この「寛政の鯨」の頭の骨を埋めて供養した鯨塚がある。当時の洲崎弁天、現在の北品川、利田（かがた）神社の境内。しながわ百景のひとつにも数えられる、東京で唯一の鯨塚。

供養碑の正面に、当時の俳人、谷素外が詠んだ句が刻まれている。

江戸に鳴る冥加やたかしなつ鯨

とんかつ茶づけを新宿で

なつかしのお茶漬けの話だ。

そのお茶漬けの名前を「とんかつ茶づけ」という。知っているひとは知っている、知らないひとはぎょっとして後ずさりする新宿の伝説の味。

初めて遭遇したのは一九八〇年頃だ。新宿駅東口から歌舞伎町方面へ向かって歩き、靖国通りで信号待ちをすると、通りをはさんで大きな看板「民芸茶房　すゞや」。歌舞伎町には不釣り合いな字体に見覚えがある。

もしかしたら。

胸を高鳴らせて建物の右脇の階段を上がると、予感は的中していた。

テーブルと椅子は艶光りのする松本民芸の家具。壁には陶器の大皿、版画、織物がゆったりと飾られている。実家の近くにある倉敷民藝館で何度も見てきたから、ひと目でわかった。陶器は濱田庄司、版画は棟方志功、織物は芹沢銈介。まさか新宿のどまんなかで？　どぎまぎしながら、看板の文字は棟方志功だと確信し、さらに頬が紅潮した。

動揺と興奮を抑えながら、手渡されたメニューを開いて、また驚く。

「名物　とんかつ茶づけ」

何だろう、これは。

懸命に想像してみても、「とんかつ」と「茶づけ」の溝が埋められず、名物ですと推されても、注文する勇気が出ない。そのあとも、居心地のよさに惹かれてずいぶん通ったけれど、「名物」に手を出せず、かにクリームコロッケと海老フライの盛り合わせ定食を頼み、益子焼のカップでコーヒーを飲んでなごんだ。

「すずや」の創業は一九五四年、創業者夫妻の趣味は民芸品の収集で、しだいに民藝運動の中心人物たちとの交流ができた。そのうちのひとり、棟方志功が看板やメニューの表紙を手掛ける。「とんかつ茶づけ」はそもそも店の賄い料理で、前身の惣菜屋時代、冷めたとんかつに熱いお茶をかけて温めたのが始まり……と「すずや」のホームページで読み、初めて知ることになった。「名物」は、店の歴史の生き証人なのだった。

さあ困った。がぜん「とんかつ茶づけ」が食べたくなってきた。何十年も記憶のなかに放置してきたけれど、このタイミングを逃したら邂逅（かいこう）の機会は巡ってこない気がした。

ひさしぶりの「すずや」はおなじ場所にあったが、すっかりきれいなビルに建て替わ

り、しかしかつての民芸茶房の空気はほんのりと漂う。

迷わず、初めての「とんかつ茶づけ」を注文した。火傷しそうな熱い鉄鋳物の皿に、こんもりと炒めキャベツと海苔を冠したとんかつ。さくさく・しゃきしゃきの逆をゆく、とんかつとキャベツのしっとり感がむしろ斬新。これをおかずにご飯を食べていると、粛々と受け容れる気持ちになるところに不思議な説得力がある。

「お客さま、そろそろお茶をご用意しましょうか」

頃合いを見計らい、店のひとがぽってりと風合いのいい急須を運んできた。箸の先が震えそうな自分の手を自分で勇気づけ、残りのとんかつ二切れをご飯にのせ、急須の番茶を注ぎ、高菜の漬物を添えてみる。

おや、悪くない。

とんかつに番茶をかける奇天烈(きてれつ)さを面白がれるおとなになったのかな、とも思う。それに、「とんかつ茶づけ」が六十余年も新宿に遺され続けていることがうれしかった。

二度と行けない

あんなに好きだったのに忽然と消えてしまった店。行きずりに入って、行き方もわからない店。子どもの頃、親に連れられて通った店。気まずくなって行けない店……もう二度と出会うことはないと思うと、胸がかきむしられる。

厚さ四センチ、全六四〇ページ。ドカ弁よりでかい『Neverland Diner　二度と行けないあの店で』（都築響一編　臼井悠編集　ケンエレブックス）には、百人の「もう二度と行けない店」にまつわる味と記憶がぎっしり詰まって、針が振り切れる濃密度だ。

「〝ほんとうは〟なんて」言い訳はないんだよと叱ってくれた先生が食べていたカリブサンドの店。ロシア人の元街娼が、東京のマンションの一室に開店した闇営業のロシア料理店。インドの空港に拘束されたとき、一日三回、少年が運んできてくれた弁当カレーは、脳内でしか出逢えない。私が書いたのは、遠い少女の日のお店屋さんごっこの記憶だ。

そんな縁があって、二〇二一年三月二十日夜、東京・青山ブックセンターでのトークイベントに参加した。メンバーは『二度と行けないあの店で』編者の都築響一さん、執筆者のひとり、モデルの小谷実由さん、私の三人。

都築さんが口火を切った。

「おいしい店って、出てこないよね。まずかったり汚かったり、記憶に残る店ってなんでもない店なんだなあ」

本当にそうだ。おいしい店はそれなりに代替えがきくかもしれないが、まずい店、なんでもない店は心に刺さる。私は、根室の港町で適当に入った小さなスナックで、オレンジ色の照明のなかでママとお客がワルツを踊る光景がいまでも網膜にこびりついて離れない。瓶ビールしか飲んでいないのに。

高校生のときからカフェを知っている若い小谷さんは、閉店してしまった新宿「ボンベイ」のカレー、サグ・パニールの喪失感を語る。たしかに、新宿は記憶を毛羽立たせる街だなと、あらためて思う。三越裏にあった「茶房青蛾（せいが）」、おにぎりの店「五十鈴」、コマ劇場脇の路上の店「全州」、みな消えてしまったけれど、新宿のエッジを際立たせていた。

都築さんの「もう二度と行けない店」の記憶はすさまじい。

「京都の某所に『なんでも言うことを聞くなら入れてやる』という看板のない店があって、入ると店内もまな板もすさまじく汚くて」

「京都の住宅街の公園の近くに古い中華料理屋があって、もちろん全然おいしくない。店の入り口脇に寝そべっている柴犬が、たまにお客が入ってくるとがばっと起き上がるんですよ。アルマイトの洗面器をくわえると、その洗面器に『いらっしゃいませ』と黒マジックで書いてある」

ええええー、本当の話ですか⁉

マイクを握ったまま、思わず声がでた。「いらっしゃいませ犬」って、それ「不思議の国のアリス」の白うさぎみたいじゃないですか。やっぱり京都って魔都だな。で、そのあと、褌を締めて来るのが条件の浅草の某店の話に突入しました。

都築さんが最近失った惜しくてたまらない店は、神田のガード下、次郎長寿司。「狭い通路をはさんだバーから酒の出前があって」と聞いて強烈に惹かれたけれど、もうない。

それは閉店が迫った三日前だった。

たまたま渋谷で電車を乗り換える用があり、「あっ、もうじき店がなくなる」。ぎりぎりセーフ、さよならが言えるのは今日しかない。

JR渋谷駅の改札を出て、構内を東急東横店南館のほうへ少し歩いた通路の途中、立ち食いそば「本家しぶそば」はある。渋谷駅の利用客なら知らない者はいない店だが、渋谷の再開発事業にともない、二〇二〇年九月十三日に閉店が決まっていた。

雑踏が少しユルくなった絶妙の場所、「しぶそば」は気を抜きかけたタイミングでひょいと出現する。「さあさあ」と手招きする暖簾が視界に入ると、とくに小腹が空いていなくても「ちょっとそばでも」。ふらりと吸い込まれてしまう。これまで四十年間、渋谷で老若男女の胃袋を満たしてきたと聞くのだが、私が知っているのは、現在の場所に移転した一九九〇年代からだ。

なにがすごいって、注文のそばが目の前に置かれるスピードの速さは神わざだ。

「座った十秒後に出てくる」

都市伝説だといわれるけれど、いやいや。私の知人が「今日はゆっくり座って食べようか、立ってさくっと食べようか」と迷っていたら、お膳を運んできた店員さんから「お席、どちらになさいます」と声が掛かった。とっさに見ると、お膳にのっているのは自分が注文したちくわ天そばだった……興奮の面持ちで教えてくれた。

私が寄った閉店三日前も、「しぶそば」の妙技はいぜん健在だった。

ここには、自動券売機はない。

入り口のレジで注文する。

「冷やしかき揚げそば、ください」

「ハイありがとうございます」

受け取った釣り銭を財布にしまいながら、さっそく耳が喜ぶ。

「ひ〜や〜が〜きっ」

お客が注文したそばを店内奥の厨房に通す声もまた、「しぶそば」名物。独特の抑揚は、神田の老舗「かんだやぶそば」を彷彿させる。私のすぐあと、店内に響いた声は「も〜りっ」。


その日、午後二時の店内はけっこう混んでいた。壁に沿うテーブル席が透明な板で仕切ってあるので、迷わずテーブルに向かい、この光景もあと三日……店内を眺めながら勝手に感慨に耽っていると、「お待ちどおさまです」。冷やしかき揚げそばが置かれたのは、座ってから一分以内だった。じつは、レジでのお客の注文をマイクで拾い、注文と同時に厨房でつくり始めているらしい。

さくさくのかき揚げ、ふわっと鼻をくすぐるそばの香り。ああ「しぶそば」だなあ。でも、もうおしまいなんだな。

そばを手繰り、店内や厨房の風景をゆっくり眺めながら目に焼きつける。入り口は狭いけれど、奥はぐーっとのびやか、その奥の厨房も悠々として広い。「ひ〜や〜が〜きっ」「も〜りっ」の声は渋谷の雑踏の一隅をゆるりとなごませたし、厨房まで一体となったスピード感には、人間味がある。そのすべてを、みんなが愛してきた。

いよいよ閉店当日午後八時。たくさんの「しぶそば」ファンが店の前に押しかけ、盛大な拍手で見送っている写真をニュースで見た。

そういえば、渋谷駅に直結する地下商店街「しぶちかショッピングロード」も、六十三年の歴史をいったん閉じる。マッチ箱みたいにちまちまと並ぶ店は、そもそも戦後、渋谷駅周辺の露天商の集まりから始まったと聞いた。

渋谷の面影が容赦なく消えてゆく。

シャリシャリ

喫茶店のメニューにミルクセーキの名前を見つけることがめっきり減った。

注文する気がなくても、ミルクセーキの一行を見つけると、一瞬目が喜んで甘酸っぱい気持ちになる。もしもミルクセーキとクリームソーダが喫茶店のメニューから消えてしまったら……想像するだけで悲しい。

「セーキ」という奇妙な言葉の意味が「シェイク」だと知った今でも、やっぱりミルクセーキと呼び続けたい。基本の材料は牛乳、卵、砂糖。練乳やバニラエッセンスを足してつくることもあるし、卵の代わりにバニラアイスを使う場合もあるけれど、そもそもシンプルな飲み物だ。氷を入れてミキサーでガーッとやれば、シャリシャリの冷たいミルクセーキが出来上がる。長崎では、かき氷を入れてふわふわのシャーベット状にしたミルクセーキが土地の名物になっていると聞く。

つくろうと思えば家庭でも簡単に出来るのに、外でミルクセーキを飲むと、うれしさが倍増するのはなぜだろう。歩いていたら偶然、親戚のおばさんに久しぶりに会ったような身内感がある。

瀬戸内海に面した小さな港に寄ったときのこと。港湾沿いにある古い喫茶店でミルクセーキを飲んだ。

品数のごく少ないメニューなのに、わざわざミルクセーキが載っているのを見て、いっしょに旅をしていた仕事仲間二人も「あ」と反応した。全員の注文は、もちろんミルクセーキ。店主の白髪のおじいさんに頼むと、しばらくして店内にガガガーッと派手に回転するミキサーの大音響が鳴り始めたのでにんまりした。これは期待できるぞ、と思いながら。

足つきの厚ぼったいグラスが三つ、運ばれてきた。まず長いスプーンですくい、ぽってりと柔らかな中身を口に含むと、卵もバニラアイスも氷も入り混じったシャリシャリのふくよかな味。まっ赤なチェリーが目にまぶしい。スプーンとストローの両方を使いながらシャリシャリを飲んだり食べたりしていると、強烈な多幸感がやってきた。でも、その感情を口に出すのは恥ずかしかった。隣の席に座っていたカメラマンのYさんが「うまい、うまい」と言いながら目を細めている。グラスが空になったら、「口直しにもう一杯頼もうかな」。うれしそうに頼んだ口直しは、熱いコーヒー——数年前に急逝した

Yさんを想うとき、このときの瀬戸内での記憶が決まってよみがえる。

牛乳、卵、砂糖。ありふれた組み合わせだから、いろんな情景に繋がるのだろうか。私は昭和の子どもだから、ご多分に漏れず、夏休みのおやつの記憶のひとつにアルミの弁当箱で固めたアイスクリームがある。自家製なんていう言葉もない、家でつくれそうなものはとりあえずつくってみた時代で、カップ入りアイスを買うなんて贅沢な話だった。

三つの材料をボウルに入れて混ぜ、父が使っているアルミの弁当箱に流し入れる（真夏は、弁当を持っていかなかったのだと思う）。冷蔵庫の上部の小さな冷凍スペースに収めると、二時間も経つと周辺からうっすら凍り始めるのだが、途中でそろそろと取り出して、表面をスプーンで耕す役目がある。こまめに掘って均すと、空気を含んだ柔らかな舌触りに仕上がるから、やたら時計が気になった。食い意地が刺激され、冷蔵庫がチラチラ気になって仕方がない。

手遊びみたいに何度も飽きず耕したまろやかな薄黄色は、いまも瞼の奥でシャリシャリしている。

遠くて近い島

「地獄炊きって、このへんでは言いよらしたもんね。私が高校くらいのときにはもうそう呼びよった、昭和三十年代かそこら。正式な名前でなくってね、『じごくだっぱもってけ』って、こう言いよったもんね」

地獄炊きは、長崎の五島列島でのうどんの食べ方のこと。釜にたっぷり湯を沸騰させて地元の手延べうどんを入れ、麺がゆで上がったら、自分の箸ですくって鍋から直接食べる。名前の由来は、島の外のひとが言った「しごく、おいしい」が「じごく」となったという説もあるけれど、雲仙あたりの〝温泉地獄〟と繋がったんじゃないの、というのがおおかたの見解だ。

五島うどんを取材しに新上五島町を訪れたとき、製麺所のミエさんにあれこれ訊いた。

地獄炊きには、決まりごとのようなものがあるんですか。

「ないない。そん家ごとにどんな鍋でもよか。若かりし頃、夜なべするじゃないですか、ヤカンでしちゃったこともあるんですよ。だから、どんなゆで物でもいいの。ともかく、だいたい六分くらいゆがいて、そこから箸で直接すくって食べる」

ミエさんは、湯が煮えたぎった鋳物鉄の大鍋にうどんをひと束入れてゆがいてくれるのだが、「これ、大事」と言いながら鍋底にうどんがくっつかないように何度か箸で混ぜた。

三分ほど経ったところで、おお！　絶景かな。うどん一本一本が熱湯の対流によって外側から中心に向かい、いっせいに回転し始める。べつの製麺所のひとも言っていた。

「対流で震わせ、踊らせながらゆがくと、コシが出てふんわりするんです。喉ごしのよさも全然違う」

コマのように回り踊る光景は、縒りを入念にかけたコシと細さのバランスの妙。一糸乱れずくるくる回る光景は異様に美しく、地獄と言われれば確かにそうかもしれない。〝ゆがきあげを食べなさい〟と促され、回転中の数本をそのまま箸で引き上げ、自分の椀へ運ぶ。

地獄炊きは、手間いらずが身上だ。

「昔は生醤油だけだったらしいんだけど、最近は卵も使うようになった。仕事終わったらすぐ簡単に食べられるように、お椀には生卵とお醬油と、すり生姜とかつぶし、それだけ」

生卵をちゃちゃっと溶きほぐして醬油を数滴垂らし、そこへ熱いうどんをくぐらせ、つるつる。あごだしに浸けることもあるし、うどんが余ったら魚の煮つけに浸し、味が染みたのを食べたりもするらしい。

五島うどんのつるつるはすごい。コシがあるのに、ふわっとふくよか、唇に吸いつくちょっと艶っぽい余韻がくせになる。この別格の食べ心地の理由が知りたくて、私は長崎からジェットフォイルに乗り、高波をくぐって五島列島までやってきたのだった。

よーくわかったのは、この島に生まれ育ったひとだけがこのうどんを作れるということ。塩と水と油と粉の配合、綯りの掛け方、生地を寝かせる時間、湿気や海風に合わせ、その日のうちに乾かす干し方……変わりやすい島の天気との相談がすべて。うどん作りの盛んな船崎地区では、おばあちゃん同士が会うと、「今日はよかね、風がよくてうどんが作りやすかね」。八月と十二月は、島の外に出た者も五島のうどんを欲しがるから、大忙し。島のあちこちで、夜も明けない暗いうちから生地をこね、麺に綯りをかけて延べる。

――家で五島うどんをゆがくと、遠い島のひとたちの声が次々に戻ってくる。

でいいから

「苦手な食べ物は」と訊かれて、お茶漬けと答えていた時期がある。

二十代の頃のことで、お茶漬けという食べ物について経験が浅かったから、好きも嫌いもなく、ただ遠巻きにしていた。いまこうして考えてみると、実家でお茶漬けを食べてこなかったから、おのずと縁遠くなったのだと思う。十代の頃に何年間か同居していた祖母にしても、ふだんは木綿の着物と割烹着(かっぽうぎ)を着ているひとだったが、お茶漬けをさらさらと食べる姿がどうしても思い出せない(なぜ着物とお茶漬けがワンセットになっているかというと、たぶん小津安二郎あたりの映画やTBSの東芝日曜劇場のホームドラマがいっしょになっているからだろう)。

自分がお茶漬けのことをわかってない、ということに気づいたのは二十代半ばだった。あるとき、「車で送ってもらったから」と、連れ合いが友人を連れて夜ふけに帰ってきた。携帯電話なんてないし、不意の来客はそう珍しいことでもない時代だった。すこし喋ったあと、私もよく知っているそのひとが言った。

「じつは夕飯を食い逃して腹ぺこなんですよ。お茶漬けでいいから、ちょこっと食わしてもらえるとありがたい」

あ、ハイ！　感じよさげなふりをしてみたものの、ハテナが頭のまわりを回ってあせった。本当にお茶漬けでいいのだろうか。お茶漬けはものの喩（たと）えで、ここはちゃちゃっと夜食を見繕って出す場面ではないのだろうか。

もし、本当にお茶漬けだけでいいとしても、そのお茶漬けを一度もつくったことがない。とはいえ、「でいいから」と言えるくらいお茶漬けはぶっちぎりに簡単で、手間ひまのかからないもの。

万事休す。追い込まれて動揺しているのは、たちどころに相手に見透かされた。

「ほんとに、ただのお茶漬けでいいですよ。茶碗にめし入れて、ざぶっと熱いお茶だけかけてくれればもうそれで十分なんですから」

「わかった」と「わからない」が同時にやってきた。

本当にお茶漬けだけ出せばいいらしい。でも、そのお茶は煎茶なのか、番茶なのか、それとも焙じ茶か……正解がわからない。とりあえず「だしじゃなくてよかった」と胸をなで下ろしたのは、以前なにかの本で〝お茶漬けには熱いだし〟と読んだ記憶が仁王立ちになったからだった。

ここまで書いてきて、うっすらと浮上した記憶がある。祖母は、たまに食べ終わった飯茶碗に湯を注いで飲むことがあった。そうでなければ、飯茶碗を両手で持ち上げて、食後になにかを飲む仕草を、かすかに覚えているわけがない。でも、その記憶の尻尾を捕まえようとすると、つるりと逃げていってしまう。お湯もアリなのか？

よほど孤立無援がつらかったのだろう。はじめてのお茶漬けを、私はまだ忘れてはいない。

飯茶碗によそったごはん。

急須に淹れた煎茶。

梅干し一個と塩昆布。

買い置きの塩昆布があって本当によかったと思いながら、小皿にのせた梅干しと塩昆布を飯茶碗の隣に置いて出すと、急にそれっぽくなったので、やっと冷や汗がひいた。

崖っぷちに追い詰められてどうにか取り繕った一杯のお茶漬けの光景は、なんだか芝居掛かっていて、胡散くさかった。

極道すきやき

いつか絶対やってみるぞと思いながら、どうしても手が出せず、遠巻きにしたままの料理がある。

「極道すきやき」

作家、宇野千代の本で知った。

『私の作ったお惣菜』というその文庫本を手にしたのは二十数年前で、そのときはご存命だったと記憶している。九十半ばを超えてなお、あの鈴の音を思わせる涼やかな声音で、「私、何だか死なないような気がするんですよ」。無邪気だか豪胆だかわからない言葉を、世間は圧倒的な説得力とともに受け取っていた。

明治三十年生まれ。作家であり、実業家であり、着物デザイナーでもあり、昭和十一年には編集者として雑誌「スタイル」を創刊した。男性遍歴も奔放そのもので、三度目の結婚相手は作家、尾崎士郎。梶井基次郎、東郷青児、四度目の結婚と離婚の相手は北原武夫……つねに才能溢れる男が隣にいたし、離婚するたびに家を建てたらしい。八十五歳までの怒濤の半生は、自叙伝『生きて行く私』に綴られている。明治、大正、昭和、平成、四つの時代をかいくぐって九十八歳まで生き、平成八年没。そういえば瀬戸内寂聴さんは、宇野千代から助言されたという言葉「書けても書けなくても、必ず一日に一回は机の前に座りなさい」を大切にしていると語っていたけれど、その寂聴さんも大正、昭和、平成、令和をくぐりながら、百歳を間近にしてなお健筆をふるっていらした。

さて、「極道すきやき」の話。

まず宇野千代の語りに誘われたい。

「『極道すきやき』と言うこの料理の題を見ると、誰でも、ちょっと吃驚（びっくり）するでしょうね。私の家へ来て、このすきやきを食べた人は、一ぺんで、その味の虜になって、『もう一ぺん、あのすきやきをご馳走してくださいませんか。あの味がどうしても忘れられないんです』と、きまってそう言うんです」（『私の作ったお惣菜』集英社文庫）

もともと、ある懐石料理店の主人に「家庭料理」としてふるまわれた一品だという。すきやきといいながら、豆腐もねぎもしらたきも一切使わず、具は「百グラム三千円はする和牛」だけ。そして、その肉の扱いがすごい——大枚をはたいた極上の牛肉にブランデーと割り下をかけ、さらに溶いた卵黄をたっぷりかけておくというのだ。

最初読んだとき狼狽し、三度か四度、目をこすりながら繰り返し確認した。

ブランデーと割り下と卵黄！

常軌を逸しているというか、一線を越えているというか、怪し過ぎる。あっ、だから「極道すきやき」なのか。

料理の方法はごく簡単だ。

テフロン加工の鍋を熱して太白ごま油を敷き、例の黄身をまとった牛肉を並べて焼く。

「割りしたの醤油とみりんの焦げる匂いに混じって、ブランデーの香りが立ちのぼります。見ていますと、誰でも、お腹の虫がグゥ、と言います」

想像できる気もするのだが、ブランデーの香りといっしょに魑魅魍魎が跋扈する感じ。続けて「取り合わせの妙」「味のハーモニー」「相乗効果」とたたみかけるのだが、そのたびに濃いオーラを放ち、不思議に遠のいていく。

「極道すきやき」の六文字はぐっさり深く刻みこまれているけれど、たぶんこの先もブランデーと卵黄を牛肉にかけることはないだろう。

宇野千代の『生きて行く私』の物語のなかで輝いているのが一番似合う気がする。

すばらしき土曜日

机の前に座って片づけるべき仕事があったけれど、（あしたに回せばいいんじゃないの）と天の声が聞こえ、全部を放っぽりだす気になったら、土曜日がにわかに輝きはじめた。

思いついて各駅停車の電車に乗り、まずJR四ツ谷駅で降り地上に出ると、あたりに響き渡る荘厳な音。

「ゴォーン、ゴォーン、ゴォーン」

横断歩道の向こう側、聖イグナチオ教会の鐘の音。いま正午なんだな。四谷見附に響くこの音を聴くのはずいぶん久しぶりだと思いながら、青信号に変わるのを待った。

新宿通りを右へ進み、ほどなく右に折れると「志乃多寿司」がある。いなり寿司と海苔巻、つまり助六だけを商う店で、この二ヶ月ほどずっと寄りたかったのにタイミングを逃してばかりだった。

　暖簾をくぐると、三角巾をきゅっと締めた奥さまの知里さんが先客の注文を包んでいるところ。こんにちはと挨拶をし、厨房に持ち帰りの注文を告げる。

「いなり六個、海苔巻六個ください」

　はいと返事があって、さっそく熟れた手つきで油揚げに寿司飯を詰め始めるのは、今日は旦那さんではなく、手伝いの白髪のお爺さん。ここは大正九年創業、昔ながらの佇まい。甘じょっぱい油揚げの風味もすばらしく、ときどき無性に食べたくなる。パリッと小股の切れ上がった手触りの紙包みを受け取ると、今夜の食卓のうれしさが跳ね上がった。

　順路はもう決めてある。次は、おなじ黄色い電車で三駅戻って代々木駅まで。西口を出て一分も歩くと、その喫茶店「ＴＯＭ」はある。

　一九七一年からずっと同じ場所、みんなに愛されてきた喫茶店だ。すぐ近所のビル「代々木会館」の屋上は、あの萩原健一主演のＴＶドラマ「傷だらけの天使」の舞台だったから、ショーケンも当時よく通ったらしい。居心地のよさは最高だし、コーヒーはおいしいし、一階は白髪のマスター、二階は銀髪のマダムの接客がすてき過ぎるし、時代を超えて何も変わらないことに感謝しかない。

　最初の一杯はグアテマラを頼んだ。「ジジロア、ありますか」と訊くと「はい、あり

Guatemala
TOM

ますよ」。ババロア、コーヒー風味のジジロア、コーヒーぜんざいはこの店の名物である。一階から昇降機で運ばれてくる香り高いコーヒーを飲みながら本を読んでいると、すぐ隣の女性とマダムがさかんに話している。何十年かぶりに訪れたかつての常連客のようで、しきりに繰り返す「なつかしい」の声に耳が温まりながら、半世紀ぶんの歳月に触れてじんときた。

小一時間ほどして女性客が名残惜しそうに席を立ち、マスターと言葉を交わす声が聞こえてくる。「今度いつ来られるか……」と挨拶する女性に、小柄なマスターが優しい。「ショーケンが亡くなったでしょ、代々木会館も壊されることになったというニュースを知った方が、店主が亡くなったと勘違いしてあわてて来られてね、私に『このたびは……』って(笑)。いやいや、人間自然なことだもの。それに、生きてるとき『このたびは』って言ってもらえるのは、なかなかオツなもんですよ」

籐編みのシェードから洩れるオレンジ色の柔らかな光。二杯め、本日のサービスコーヒーのキリマンジャロを頼んだ。この一杯を飲んだら、ジムに行ってなまった身体を動かさなきゃと思いながら。

外に出ると、ぐんと気温が下がっている。「代々木会館」は取り壊されてあとかたもなく消えており、真冬の鈍色(にび)の空がぽっかりと広がっていた。

薪の火

八十を過ぎても薪割りをしているひとを何人か知っている。友人の父、旅先で知り合った山の住人、もと建築家……暮らしぶりはさまざまなのだが、共通しているのは、背筋がしゃんと伸びて痩身、かくしゃくとしている。みな、少年時代に薪割りを覚えたというひとばかりだ。

友人の父の口癖はこうだ。

「車の免許はさっさと返納するが、薪割りは返上せん」

いやいやお父さん、手元が狂ってけがでもされたら大変なんだから、とたしなめると、「止めどきは自分でわかるから、余計な世話をするな」。この一点張りなのよねと娘は苦笑いしていた。庭先で使い慣れた手斧を振り上げ、惚れぼれするくらい手早くスパッスパッとやっつけて薪ストーブ用に使っているらしい。いま書いていて気がついたのだが、その話を聞いてから、もう二年近く経っている。いまでも薪割りは続いているのだろうか。

ノルウェーの作家が書いた『薪を焚く』（ラーシュ・ミッティング著　朝田千恵訳　晶文社）という本を読んでいたら（木を伐る、割る、積む、乾かす、焚く、薪にまつわるすべてを掘り下げた実用ノンフィクション。めっぽう面白い）、同じような人物が登場していたのでちょっと笑ってしまった。薪を前にすると、国籍を問わず人間は似るものらしい。一九二六年生まれのオーレ・ハウゲンさん。樵（きこり）や大工として働き、少なくとも七十シーズン以上、自分で割って作った薪を焚いて零下二十度以下の厳しい冬を越えてきた。薪の乾燥納屋の写真が載っているのだが、天井まで積み上げた薪の断面がぴちっと揃い、〝わしの流儀〟が伝わってくる造形美。オスロの病院に入院したとき、医者に斧を置けと言われて薪割りを禁じられたけれど、退院するなり油圧式の薪割り機を買ったというのだから、「薪割りは返上せん」の気骨がすごい。

木を伐って割り、からからに乾かして薪という道具に変え、火を熾（おこ）す。生きる手立てを離してしまったら自分が自分でなくなる——そんな感覚なのだろうか。薪を割ったことのない者は想像してみるほかない。

でも、薪の火で煮炊きをしたことは何度もある。しっかり熾して炎が安定した薪釜での調理は楽しいもので、カチャッとスイッチをひねれば火の強弱も自在にできる家の台所から遠く離れた原初に近い場にいることが、すでにうれしい。

豚汁から解体したばかりのシカ肉煮込みまであれこれ薪の火で作ってきたが、そのなかでも忘れられない味のひとつが生米の雑炊である。いろんな野菜やら肉やら、鍋のなかで煮て食べ、全部引き上げたあとにうまいスープが残った。はたと思いつき、さっと洗った生米をざっくり入れて炊いてみたのである。薪の火に当たっていると、まどろっこしいことが消えて、最短距離をいきたくなる。

生米から炊く雑炊は、炊いたご飯で作る雑炊よりはるかにうまかった。かんがえてみれば、当然なのだ。ご飯はすでに水分を吸っているけれど、乾燥した生米は汁のうまみだけを吸ってぷっくりと煮える。ひと粒ひと粒の米の味のふかさがまるきり違った。卵も三つ葉もなんにもいらない。生米の変貌ぶりに感動しながら、みんな夢中で雑炊を平らげ、鍋の底には一滴ひと粒残らなかった。

薪の火といっしょにあのときの記憶が疼(うず)いて、家で鍋ものをすると、生米で雑炊をつくりたくなる。

解説

石戸 諭

1

平松洋子のエッセイ作品を読んで、まず浮かぶのは「しなやかな生活感覚」という言葉である。市場価格が高いものも、低いものも、手間がかかる逸品も、あるいは有名チェーン店の餃子であっても、平松さんは絶対的な物差しで順番をつけることはしない。彼女の物差しは常に柔軟だ。

彼女のエッセイ、とりわけ本シリーズの読後感は寄席の紙切り芸を見たあとの感覚に近い。芸人は客席からお題を募り、白い紙にはさみを入れて日常の一コマを切り出していく。完成品を見ると、自分にも起きるような日々の瞬間がなんだかとても粋なものに感じられる。相手に敬意を払う取材を欠かさず、目の前にある食べ物を真正面から味わい、楽しむことに全力を傾け、美味なる瞬間を鮮やかに切り取った文章もまたどこか粋という言葉がふさわしいように思えるのだ。それを支えているのが、彼女特有の立ち位置だろう。都市の片隅で、日々の仕事や暮らしに小さな楽しみを見つけながら生活するひとりの女性の感覚からけっして離れない。

彼女のライフワークとも呼べる本シリーズだが、『いわしバターを自分で』はシリーズの中でもこれまでとは少しばかり作風が異なる。シリーズのタイトルには地名が冠されるのが通例なのだが、それも消えてしまった。理由は言うまでもない。新型コロナ禍だ。２０２０年から流行が本格化したウイルスは瞬く間に世界中に広がり、街から人が消えた。飲食店で落ち合って、食事を共にし、酒を酌み交わすことそのものが感染拡大を助長するハイリスクな行為とされる。外に出るのではなく家にいること、会って話すことよりもパソコンやスマートフォンの画面越しで話すことが推奨され、２０２１年になって長期化した「緊急事態宣言」は〝日常〟になった。時代の空気は一変した。

僕のようなライターの仕事もいくつかの影響を避けることはできなかった。取材に出かけるときも相手の意向を確認し、オンラインを希望されたときは尊重する。取材時にマスクを着用したり、距離を取ったり、「ワクチンをいついつ接種した」と説明したりすることはすっかりマナーになってしまった。おそらく、平松さんの仕事も同じような問題に直面したと思う。これまで当たり前のように旅や散歩に出て、当たり前のように注文し、当たり前のように食べてきたものがエッセイの題材になっていたのに、それが遠のいてしまった以上、どうしても仕事への影響は出てしまうからだ。

時代の影響もあってか、本作はこれまで以上に平松さんの不安が率直に吐露されるシーンが多い。彼女が住む「個人商店の集合体」のような街から聞こえてくる苦しい声、張り詰めた緊張感を感じ取り、「生き抜かなければと気を取り直す」。ここでも一つの物差しで物事を判断せず、営業を自粛した飲食店にも、しぶとく営業を続けることを決めた店にもそれぞれの事情があると想像する。取引先からの注文がぱたりと止まってしまった伊豆のわさび農家の言葉を聞きながら、「それを〝経済活動がストップ〟とひと括りにすれば、百の産地が抱える百通りの事情や状況がザルの網目からこぼれ落ちてしまう」と考える。彼女自身も連れ合いの発熱に焦るという経験をした。普段なら病院に行けば済む話が、一気に緊迫感ある非日常になってしまう。

迫り来る不安に押しつぶされそうになりながら、それでも平松さんはあくまで足元から思考を始めていき、日常の中にあるポジティブな要素も見つけにいく。ふきのとうと帆立の貝柱を味噌で味をつけて春巻に仕立て、揚げたてをビールと一緒に流し込んでひとときの満足を得る。全国一斉休校で消費が落ち込んだ牛乳を煮詰めて「蘇」を作る。オイルサーディンからいわしを取り出して、潰しながらバターと混ぜ、冷蔵庫へ。表題作の「いわしバター」を作って、バゲットに塗り込む。平松さんのように白ワインもよし、ピート香の効いたハイボールにも合う完璧なつまみである。以前にも増して、手を動かすことによってしか生まれない小さな楽しみ、生活感覚の描写が実に絶妙なのだ。

危機の時代にあって、書き手はより大所高所から何かを語ったり、過剰なまでに情緒に流された文章を書いたりしがちだが、平松さんの文章にはそれがない。彼女は頭を動かすだけでなく、料理という極めて具体的なものを作り、食べる喜びを知っているからだろう。もちろん、彼女もまた政治の動きに対してちくりと不満を吐露してはいるのだが、確実に知っている自分の生活感覚の延長でしか語らない。手触りを感じているものからしか書かない。軽妙に日常を描きながらもきっちり引いてある一線の先に、彼女が声高に叫ばない美意識が見えてくる。

2

平松さんが世に送り出した傑作レシピのひとつに、本書に登場し——これも傑作料理漫画である——『クッキングパパ』でも取り上げられたパセリカレーがある。本来、料理の脇役とも呼べない、せいぜい彩り担当でしかなかったパセリをこれでもかと鍋の中に放り込み、主役へと格上げした一品だ。僕もレシピ通りに作って食べてみたが、これほど平松さんの美意識を感じさせるカレーは無いと思った。なぜか。一見すると地味で、何気ない存在だが、ちょっと手を加えるだけで肉の旨みにも、カレー粉の香りにもまったく負けない存在感と味を放つ。生活の中で、何気なく見過ごしている瞬間の中にある光を感じさせるエッセイと共通する味を感じてしまったからだ。

おもえば平松さんは味について、こんなことを書いている。

「味というものは、けっして自分の手から離してはいけない。離したその瞬間、指のあいだから砂のようにこぼれてまぼろしと消えてしまうから」(『サンドウィッチは銀座で』より)

「不要不急」の掛け声が大きくなった新型コロナ禍で、じつに多くの店の味が消えてしまった。一度、失われてしまった味はもう二度と戻ることはない。味とは単なるレシピの再現ではなく、店に刻まれた歴史や足を運ぶお客も一体となって醸し出す雰囲気とあいまって出来上がるものだからだ。一つの味を守ろうとする人々の努力は、これまでの何倍も必要になった。

そして、こうも思う。生活のなかで生まれてきた味はどうだろうか。さきに平松さんは食べる喜びを知っている、と書いた。誰でもそんなものは知っているという声もあるだろう。だが、本当にその喜びを手離さず、大切なものだと思ってきただろうか。僕はあるとき、感染症の流行に右往左往する社会の動きのほうに流され、食事の楽しみよりも不安や怒りを感じるほうが先にきている自分に気がついた。目の前の喜びを実にあっさりと捨てていた。それは自分の生活を捨てることと同義なのだ。

3

どんな人間であっても、時代から逃れて生きていくことはできない。時代が暗がりに覆われているとき、残された光は自分で感知しようと思わなければ感知できないほど小さく、そして淡いものなのかもしれない。平松さんはエッセイを紡ぐなかで、生活に暗い影を落とす感染症の流行と同時に、それでも生き抜いていくために必要な光を必死に描き出そうとしている。

しなやかなものは、柔らかく、決して折れることはない。時代の空気で曲がっていくことはあっても、潰されずに押し返す力を持っている。生活は、案外と強いものだ。本書を読み終えて、あらためて思う。僕もしなやかな感性を養っておきたい、と。

（ノンフィクションライター）

文春文庫

定価はカバーに表示してあります

いわしバターを自分で

2022年3月10日　第1刷

著　者　平松洋子

画　下田昌克

発行者　花田朋子

発行所　株式会社 文藝春秋

東京都千代田区紀尾井町 3-23　〒102-8008
TEL 03・3265・1211㈹
文藝春秋ホームページ　http://www.bunshun.co.jp

落丁、乱丁本は、お手数ですが小社製作部宛お送り下さい。送料小社負担でお取替致します。

印刷製本・凸版印刷

Printed in Japan
ISBN978-4-16-791847-7